한국 시조 낭송교본

황봉학, 김도솔 시인이 만든

한국 시조 낭송교본

2025년 9월 10일 초판 1쇄 인쇄 발행

**지은이**    황봉학, 김도솔
**펴낸이**    박종래
**펴낸곳**    도서출판 명성서림

**등록번호**    301-2014-013
**주소**    04625 서울시 중구 필동로 6 (2, 3층)
**대표전화**    02)2277-2800
**팩스**    02)2277-8945
**이메일**    msprint8944@naver.com

**값** 25,000원
**ISBN** 979-11-7439-030-1

황봉학, 김도솔 시인이 만든

# 한국 시조 낭송교본

도서출판 명성서림

우리 민족의 숨결 속에는 늘 시조가 있었습니다. 삼백여 년이 넘는 역사 속에서 시조는 민족 정서와 삶의 지혜를 담아 노래해 왔습니다. 때로는 군자의 덕을 기리는 교훈이 되었고, 때로는 서민의 애환과 사랑을 담아내며, 시대와 세대를 넘어 전해져 온 한국 문학의 정수였습니다. 이제 그 오랜 맥을 이어받아 『한국 명시조 낭송교본』을 세상에 내놓습니다.

그동안 한국 시문학은 수많은 변화를 거듭하며 발전해 왔지만, 시조 낭송 교육의 토대는 여전히 부족한 것이 현실입니다. 시는 글로만 존재하는 것이 아니라, 음성으로 살아나는 순간에 비로소 온전히 완성됩니다. 시조 또한 마찬가지입니다. 글로 읽을 때의 아름다움과, 낭송을 통해 울림으로 다가오는 생명력은 서로 다르며, 바로 그 차이가 시조의 참된 매력이라 할 수 있습니다.

필자는 지난 수십 년간 수많은 낭송가와 제자들을 가르치며, 시조를 낭송하는 과정에서 가장 큰 어려움이 발음과 운율의 정확성임을 확인해 왔습니다. 시조의 형식은 엄격합니다. 초장·중장·종장의 구조와 장단, 그리고 율격이 무너지면 시조 본래의 맛은 금세 흐려집니다. 그러므로 낭송가는 표준 발음법을 충실히 지키되, 그 속에 시조만의 고유한 리듬과 숨결을 살려야 합니다.

이 교본은 바로 그러한 문제의식 속에서 탄생하였습니다. 『한국 명시조 낭송교본』은 단순한 해설서가 아닙니다. 먼저 시조의 원본을 철저히 대조하여 실었으며, 각 작품의 역사적 배경과 시인의 의도를 살펴 독자가 작품을 올바르게 이해하도록 하였습니다. 또한 장음과 단음, 된소리와 거센소리, 음보와 구와 장을 어떻게 끊어서 낭송하는지 종장의 처리는 어떻게 하는지 등 낭송에서 반드시 지켜야 할 발음상의 유의점을 구체적으로 제시하였습니다.

시조 낭송은 단순한 취미가 아닙니다. 우리말의 정수를 보존하고, 민족의 정체성을 이어가는 문화적 실천입니다. 특히 오늘날과 같이 무분별한 정보와 왜곡된 발음이 범람하는 시대에는, 올바른 국어생활과 정제된 말하기의 모범으로서 시조 낭송의 가치는 더욱 소중합니다. 낭송가는 우리말을 지켜내는 전도사이자, 한국 문학의 맥을 잇는 예술가입니다.

이 교본이 지향하는 바는 분명합니다. 시조의 원형과 문학적 품격을 존중하면서, 이를 현대적 감각으로 낭송할 수 있는 길을 제시하는 것입니다. 따라서 본 교재는 초보 낭송인에서부터 학생, 교사, 시낭송 지도사, 그리고 전문 낭송가에 이르기까지 모두에게 열려 있습니다. 시조를 처음 접하는 이들에게는 친절한 길잡이가 되고, 오랫동안 낭송을 이어 온 이들에게는 새로운 성찰의 기회가 되기를 바랍니다.

이 책이 나오기까지는 오랜 시간이 걸렸습니다. 작품을 수집하고 원본을 확인하며, 올바른 낭송 지도를 위해 연구와 실습을 거듭한 지난 세월은 결코 쉽지 않았습니다. 그러나 "시조 낭송의 뿌리를 세우겠다"는 일념이 있었기에 가능했습니다. 앞으로도 필자는 전국 곳곳의 도서관과 현장을 찾아, 더 많은 자료를 발굴하고 연구하여 시조 낭송의 새로운 지평을 열어 가고자 합니다.

모쪼록 이 교본이 한국 고유의 정형 시조를 사랑하는 모든 이에게 든든한 동반자가 되기를 바랍니다. 시조의 맑은 울림이 낭송을 통해 살아나, 우리의 가슴마다 깊은 울림으로 전해지기를 기원합니다. 그리고 이 책이 시조 낭송의 길을 걷는 모든 이에게 하나의 이정표가 되기를 소망합니다.

끝으로 『좋은시바르게낭송하기운동본부』 가족 여러분께 깊은 감사를 드립니다. 함께한 귀한 시간과 뜨거운 성원이 없었다면, 이 책은 세상에 나오지 못했을 것입니다.

이제 필자는 또다시 새로운 시조를 찾아, 더 넓은 배움의 길로 나아가려 합니다.

2025년 8월 '청음시낭송예술원'에서
『좋은시바르게낭송하기운동』 본부장 황봉학

시조의 이해와 낭송법　　　　　　　　　10

## 시조 낭송의 실기

# 시조의 이해와 낭송법

## 시조란

시조(時調)는 한국 고유의 정형시이다. 기본 형식(평시조의 경우)은 3장 6구 4보격 12음보 총 45자 내외이다. 3장은 각각 초장, 중장, 종장으로 부른다.

오백년 도읍지를 필마로 돌아드니
(3)    (4)    (3)    (4)
산천은 의구한데 인걸은 간 데 없네
(3)    (4)    (3)    (4)
어즈버 태평 연월이 꿈이런가 하노라
(3)    (5)    (4)    (3)
– 오백년 도읍지를/길재

동창이 밝았느냐 노고지리 우지진다
(3)   (4)=7   (4)   (4)=8 (15)
소치는 아이놈은 상기 아니 일었느냐
(3)   (4)=7   (4)   (4)=8 (15)

재 넘어 사래 긴 밭을 언제 갈려 하나니

(3)     (5)=8       (4)       (3)=7  (15)

- 동창이 밝았느냐/남구만 (1629-1711)


어버이 살아신제          섬길 일란 다하여라 -초장

(1음보) (2음보) -1구  (3음보) (4음보) -2구

지나간 후이면          애닯다 어찌하랴 -중장

(5음보) (6음보) -3구  (7음보) (8음보) -4구

*평생에* 고쳐 못할 일이    이뿐인가 하노라 -종장

(9음보) (10음보) -5구     (11음보) (12음보) -6구

〈총 45자 내외〉

- 송강 정철


시조의 정확한 등장 시기는 알 수 없으나 이르게는 고려 중기까지 거슬러 잡기도 한다. 고려 말기에서 조선 전기에 형식적으로 정제된다.

한국의 3대 시조집이라고 하면 〈청구영언〉, 〈해동가요〉, 〈가곡원류〉를 일컫는다.

'시조'라는 명칭의 정확한 유래는 모른다.

시조시(時調詩)라고 이름한 것은 전부터 있어 내려온 명사(名詞)인

시조(時調) 두 글자에 시(詩) 한 글자를 추가한 것이다. 본래 시조(時調)라고 하는 것은 시조 문구와 그 문구에 짝을 이루는 곡조를 합쳐 부르는 명사(名詞)이다.

그러므로 시조라고 하면 문구(文句)인지 곡조인지 분간할 수 없으니, 지금 그 문구를 논함에 있어서는 그의 혼동을 피하고 또 다른 시를 짓는 형식(詩體)과도 구별하기 위하여 시(詩) 한 글자를 추가한 것이다.

- 안확, 〈시조시학〉, 1940년


'시절가조(時節歌調)'의 준말이라는 일설이 많이 알려져 있으나, 근거가 없는 일방적인 주장에 불과하다. 시조를 굳이 뜻풀이하면 시절가조라는 것이지, 그 반대가 아니다. 다만, 시조를 다르게 '시절가(時節歌)'라고 부른다는 내용(時調亦名時節歌)이 이학규(李學逵 1770~1835)의 문집에 주석으로 등장하기는 한다.

원래는 단가(短歌) 등 다양한 명칭으로 불리다가 시조로 자리 잡았는데 그렇게 된 시기는 불분명하다. '시조'라는 명칭이 문헌에 최초로 등장한 것은 영조 때이다. 시인 신광수(申光洙)의 문집 '석북집(石北集)'에 '시조의 장단을 배열한 것은 장안에서 온 이세춘이다(一般時調排長短來自長安李世春)'라는 구절이 나온다.

조선 후기의 문신이자 학자였던 병와 이형상(李衡祥,1653~1733)이 펴낸 '악학습령(樂學拾零, 속칭 병와가곡집(甁窩歌曲集))'에서도 시조라는 용어가 고조(古調)와 대응되어 나타나는데, 악학습령은 연대 확정에 이견이 있고 원본에 몇 사람이 가필한 자료가 현대에 전해졌다.

시조는 한자로 '때 시(時)'를 쓴다. 으레 '시 시(詩)'를 쓰겠거니 짐작하여, '시조(詩調)'라고 잘못 아는 경우도 있다. 읊을 때 창을 곁들이는 등 음악과도 밀접한데, 이런 특성을 배제하고 시 문학으로서 다룰 때는 '시조시(時調詩)'라고 흔히 부른다.

각 장은 낱말의 글자 수가 3(4)-4-3(4)-4, 3(4)-4-3(4)-4, 3-5-4-3으로 되어 있는데 한두 글자씩은 가감이 이루어지기도 한다. 그렇게 각 낱말이 음보율을 이루어야 한다. 반드시 지켜야 할 것은 종장의 첫 음보(첫구)는 꼭 세 글자, 두번째 단어는 다섯 글자 이상으로 되어야 한다. 초장에서 제시한 주제의식 혹은 미의식을, 초장과 동일한 음보율의 중장에서 유사한 의미나 구조의 문장을 반복하여 증폭-심화시키고, 종장에 이르러서는 첫 음보에서 '어즈버', '아해야', '님금하' 같은 감탄사나 호격사 등을 통해 집약했다가, 일반적인 음보보다 자수가 많은 종장 둘째 음보에서 분출하여 절정에 이르게 하는 것이 평시조의 미적 특징이다.

고려 중기에 등장해 형태 자체는 고려 말기에 발달하기 시작했으며 조선시대에는 이 시조에 무반주로 가락을 붙여 여유로운 노래처럼 읊는 것이 유행이 되었다. '시조창'이라고 하며 시조창 한 가지를 알아두면 다른 평시조에는 모두 응용해 부를 수 있다.

　재미있는 것은 1980년대 한국가요와 2000년대 한국가요가 템포가 빨라지는 쪽으로 변한 것처럼 시조창도 조선 전기에서 후기로 갈수록 점점 템포가 빨라졌다는 것이다. 조선시대에 만들어진 시조에는 보통 제목이 없기에 초장의 첫 구를 제목 대신 부르는 경우가 많다.

　동창이 밝았느냐 노고지리 우지진다.
　소치는 아이는(아이놈은) 상기 아니 일었느냐
　재 넘어 사래 긴 밭을 언제 갈려 하나니
　- 동창이 밝았느냐 / 남구만

　시조 여러 개를 이어 하나의 시로 만든 '연시조'라는 새로운 형태도 만들어졌다. 현대의 시조 작가들은 보통 이 방식을 이용하며, **보통 평시조를 이어서 사용한다.**

　외국에서도 하이쿠만큼은 아니지만 Sijo라고 해서, 인지도가 없지는 않은 것 같다. 영어 시조 창작 대회도 있다.

# 시조의 구성

## 〈시조의 종류〉

### - 평시조

3장 6구를 정확히 지킨 작품.

초장 · 중장 · 종장의 3장 형식으로 구성된 평탄한 가락의 시조.

문학에서도 그 명칭을 그대로 수용한 것이다. 평시조는 시조의 기본형으로서 그 형태가 가장 먼저 정립되었을 뿐 아니라 시조사 전체를 통하여 주류를 이루고 있어 시조를 대표한다.

작자를 살펴보면 고시조에서는 위로 왕후장상·사대부로부터 아래로 평민·가객·기녀에 이르기까지 상하 남녀의 구별 없이 광범위한 작자층을 형성하였다.

그러나 사설시조 등 장형시조는 주로 무명의 서민층에서 성행되었다. 이에 비하여, 평시조는 사대부 시조라고 일컬어질 만큼 양반계층에서 보다 많이 성행한 형태였다. 이것은 시의 형태가 극도로 긴축, 정제되어 한시의 정형성과 사상의 압축성에 익숙한 지식인에게 적합하였기 때문이다. 현대시조에 이르러서는 전문적인 작가들이 배출되어 전업화 하였으나, 그 한편에서는 일반인이나 부녀자·학생들 사이에서 교양적 생활 문학으로서 확산되고 있다.

내용 면에서 보면 고시조에서는 장형시조가 서민 생활의 애환을 직설적인 해학과 풍자로 표현한 데 비하여, 평시조에서는 단형시조가 풍류적 서정이나 윤리·도덕을 읊은 것이 주류를 이루었다. 현대시조에서도 서정시가 많지만 근년에 이르러 주지적 상념이나 현실 문제에 이르기까지 다양화되었고, 표현기법에 있어서도 비유·상징 및 초현실주의적 수법까지 자유롭게 구사하고 있다.

정형은 시조의 보편적 형태인 장·구·음수(자수)가 그 기본을 이룬다. 장은 초장·중장·종장의 3장으로 이루어졌다. 한시의 절구가 기·승·전·결의 4구(4장에 해당) 구조이고 일본의 하이쿠(俳句)·와카(和歌)가 기·결의 2구(2장에 해당) 구조인 것과 비교 해 볼 때, 시조는 기·승·결 또는 기·전·결 구조로서 중국과 일본의 정형시의 중간적 성격을 지니고 있다.

〈한시〉

한시에는 '오언시(五言詩)'와 '칠언시(七言詩)'가 있다.

'칠언시(七言詩)'는 근대 이전에 한자로 쓰여진 시인 '한시(漢詩)'의 한 종류로, 한 구의 글자 수가 일곱 자로 이루어진 시를 말한다. '칠언시'는 다시 행의 숫자에 따라 '절구(絶句)'와 '율시(律詩)'로 나뉘는데, '절구'는 4행으로 이루어진 시를, '율시'는 8행으로 이루어진 시를 의미한다.

## - 相思夢(상사몽)

相思相見只憑夢(상사상견지빙몽)
儂訪歡時歡訪儂(농방환시환방농)
願使遙遙他夜夢(원사요요타야몽)
一時同作路中逢(일시동작로중봉)


## 꿈길에서 / 황진이(黃眞伊)

서로 그리워하고 만나는 일 꿈길뿐인데
내가 임을 찾아갈 때는 임께서는 나를 찾아 떠났네
원컨대 긴긴 내일 밤 꿈속에서는
같은 시각 꿈길 가운데 만나지이다.


## 소요월야(蕭寥月夜) / 황진이(黃眞伊)

蕭寥月夜思何事 -소슬한 달밤에 그대 무슨 생각 하시오는지
소요월야사하사
寢宵轉轉夢似樣 -뒤채는 잠자리는 꿈인 듯 생시인 듯

침소전전몽사양

間君有時錄妾言 —임이시여, 제가 드린 말씀도 기억하시는지
문군유시녹망언

此世緣分果信良 —이승에서 맺은 연분 믿어도 좋을까요
차세연분과신량

悠悠憶君疑未盡 —멀리 계신 님 생각은 끝없어도 모자란 듯
유유억군의미진

日日念我幾許量 —하루하루 이 몸을 그리워하시나요
일일염아기허량

忙中要顧煩惑喜 —바쁠 때 생각해도 그리움일까, 괴로움일까
망중요고번혹희

喧喧如雀情如常 —참새처럼 떠들어도 여전히 정겨운가요
훤훤여작정여상


황진이가 유일하게 진심으로 사랑했던 남자, 소세양蘇世讓을 그리는
애타는 마음을 글로 적어서 한양에 있는 그에게 보냈던 漢詩 편지라고
알려져 있다.

우리 가요 중에 가수 이선희가 부른 노래 "알고 싶어요"는 황진이가
작시한 시를 양인자씨가 노랫말로 만든 것을 알고 있는 사람들은 드물
것이다.

이별 후 그리움을 주체 못 해 동선이를 시켜 한양에 있는 소세양에

게 전했다는 7언 율시이다. 소세양은 황진이가 유일하게 남자로 사랑했던 인물이다.

## 알고 싶어요 / 양인자 작사, 김희갑 작곡, 이선희 노래

달 밝은 밤에 그대는 누구를 생각하세요
잠이 들면 그대는 무슨 꿈 꾸시나요
깊은 밤에 홀로 깨어 눈물 흘린 적 없나요
때로는 일기장에 내 얘기도 쓰시나요
나를 만나 행복했나요 나의 사랑을 믿나요
그대 생각하다 보면 모든 게 궁금해요

하루 중에서 내 생각 얼마만큼 많이 하나요
내가 정말 그대의 마음에 드시나요
참새처럼 떠들어도 여전히 귀여운가요
바쁠 때 전화해도 내 목소리 반갑나요
내가 많이 어여쁜가요 진정 날 사랑하나요
난 정말 알고 싶어요 얘기를 해 주세요

한편 이상의 내용이 잘못 알려진 내용이라는 지적이 있다. 인터넷상에서 '최뚱'이라는 ID를 쓰는 분의 이야기론 양인자씨가 황진이의 시를 가사로 쓴 것이 아니라 조선일보에 황진이 소설을 연재하던 작가가 양인자씨의 허락을 받아 '알고 싶어요'라는 노래 가사를 한시 작가한테 부탁하여 한시로 옮겨 소설에 삽입한 것이 세간에 잘못 알려지게 되었고, 소설의 내용일 뿐 황진이는 이 시를 지은 적이 없다는 지적이었다. (이 내용은 신문에 발표되었음)

## 〈하이쿠〉

하이쿠는 5-7-5의 글자로 표현하는 세계에서 가장 짧은 시다. 함축적인 의미의 시어를 사용해 17음절 안에 자연의 변화와 화자의 마음을 담아낸다.

벼룩을 눌러 죽이며
입으로는 말하네
나무아미타불!
(잇싸)

얼마나 놀라운 일인가,
번개를 보면서도
삶이 한순간인 걸 모르다니
(바쇼)

〉
얼마나 운이 좋은가,
올해에도
모기에게 물리다니!
(이싸)

달에 손잡이를 매달면
얼마나 멋진
부채가 될까?
(소칸)

높은 스님께서
가을 들판에서
똥 누고 계신다
(부손)

죽은 자를 위한 염불이
잠시 멈추는 사이
귀뚜라미가 우네
(소세키)

목욕한 물을

버릴 곳이 없다
온통 벌레들 울음소리
(오니츠라)


인간이 있는 곳 어디에나
파리가 있고
부처가 있다
(이싸)


반딧불이 반짝이며 날아가자
저길 봐하고 소리칠 뻔했다
나 혼자인데도
(다이기)


이 숯도 한때는
흰 눈이 얹힌
나뭇가지였겠지
(타다토모)


이 미친 세상에서
미치지 않으려다
미쳐 버렸네

(시메이)

태어나서 목욕하고
죽어서 목욕하니
이 얼마나 어리석은가
(이싸) 죽으면서 마지막으로 남긴 시(절명시).

시조의 구의 구분에는 세 가지가 있는데 그중 가장 널리 통용되는 설은 12구설로서 1장을 4구씩으로 가르는 방법이다. 그밖에 1장을 2구씩으로 가르는 6구설, 초·중장은 2구씩, 종장은 4구로 갈라 1수를 8구로 나누는 설 등이 있다.

음수(자수)에 있어서 12구설에서는 3·4·3(4)·4, 3·4·3(4)·4, 3·5·4·3조와 같이 1장을 15자 내외, 1수를 45자 내외로 가른다. 6구설에서는 1구를 7 또는 8자로 가른다. 8구설에서는 초·중장은 6구설에 준하고 종장은 12구설에 준하는 절충적 방법인데 자수의 증감폭을 5~8 또는 6~9자로까지 넓히고 있다. 12구설과 6구설은 평시조의 정형을 이해하는 데 편리하고, 8구설은 현대시조 창작에서 보다 융통성 있는 음수율을 구사하는 데 편리하다.

평시조의 음수율은 초장의 3·4·3(4)·4의 물결같은 단순 기복을 우선 중장까지 네 번 반복한다. 그다음 종장 전구에서 3·5로 격동하는 음의 파랑(波浪)을 거쳐 최종구에서 4·3과 같이 초장 첫 구의 3·4를 뒤집어서 회귀하는 흥미로운 구조를 이루고 있다. 이 점이 동양 3국의 정형시 가운데 중국이나 일본의 그것들과 다른 특징이다.

- 평시조

1수 3장 6구 12음보(소절)를 정확하게 지킨 시조.

태산이 높다 한들 하늘 아래 뫼이로다
오르고 또 오르면 못 오를 리 없건마는
사람이 제 아니 오르고 뫼만 높다 하더라
- 양사언

추강(秋江)에 밤이 드니 물결이 차노매라
낚시 드리치니 고기 아니 무노매라
무심(無心)한 달빛만 싣고 빈 배 저어 오노라
- 월산대군 (성종의 형)

이런들 어떠하며 저런들 어떠하리
만수산(萬壽山) 드렁칡이 얽혀진들 그 어떠하리
우리도 이같이 얽혀 백년(百年)까지 누리리라
- 이방원. 하여가(何如歌)

이 몸이 죽고 죽어 일백번 고쳐 죽어
백골이 진토되어 넋이라도 있고 없고
임 향한 일편단심이야 가실 줄이 이시랴
- 정몽주. 단심가(丹心歌)


천만리 머나먼 길에 고운 님 여의옵고
내 마음 둘 데 없어 냇가에 앉았으니
저 물도 내 안 같아서 울어 밤길 예놋다
- 왕방연. 천만리 머나먼 길에


冬至ㅅ 둘 기나긴 밤을 한 허리를 버혀내여
春風 니불 아레 서리서리 너헛다가
어론 님 오신 날 밤이여든 구뷔구뷔 펴리라
(해석)
동짓날 기나긴 밤을 한 허리 베어내어
봄바람 이불 아래 서리서리 넣었다가
정든 임 오신 날 밤이거든 굽이굽이 펴리라
- 황진이


탄로가 / 우탁
한 손에 가시 들고 또 한 손에 막대 들고
늙는 길 가시로 막고 오는 백발 막대로 치려드니

백발이 제 먼저 알고 지름길로 오더라

오백년 도읍지를 필마로 돌아드니
산천은 의구하되 인걸은 간데 없다
어즈버 태평연월이 꿈이런가 하노라
- 길재(1353-1419)는 고려 말 충신으로 호는 야은이다.


- 연시조

평시조를 두 수 이상 연속적으로 늘어놓은 시조.


내 버디 몃치나 ᄒ니 수석과 송죽이라
동산의 둘 오르니 긔 더옥 반갑고야
두어라 이 다숫 밧긔 또 더ᄒ야 머엇ᄒ리


구룸빗치 조타 ᄒ나 검기를 ᄌ로 ᄒ다
ᄇ람소ᄅ 묽다 ᄒ나 그칠 적이 하노매라
보코도 그츨 뉘 업기는 믈뿐인가 ᄒ노라


고즌 무스 일로 퓌며서 쉬이 디고
플은 어이ᄒ야 프르ᄂ 둣 누르ᄂ니
아마도 변티 아닐손 바회 뿐인가 ᄒ노라

〉

더우면 곳 퓌고 치우면 닙 디거놀
솔아 너는 얻디 눈서리를 모르는다
구천의 블희 고든 줄을 글로 ㅎ야 아노라

나모도 아닌 거시 플도 아닌 거시
곳기는 뉘 시기며 속은 어이 뷔연는다
뎌러코 스시예 프르니 그를 됴하 ㅎ노라

쟈근 거시 노피 떠셔 만믈을 다 비취니
밤듕의 광명이 너만ㅎ니 또 잇느냐
보고도 말 아니 ㅎ니 내 벋인가 ㅎ노라

- 오우가 / 윤선도


- 단장시조(절장시조)
종장 1장으로 이루어진 시조.

말로 다 할 수 있다면 꽃이 왜 붉으랴 - 서시/이정환

얕다고

얕보지 마라
내
뿌리는
바다다 -내/문무학


돌해태
꽃등에 지는,
산복사꽃
몇 잎 -적멸궁/박기섭



- 양장시조

　양장시조는 우리가 흔히 알고 있는 시조의 구성인 초장, 중장, 종장의
3장으로 이루어진 형태에서 중장을 생략하여 양장(2장)으로 줄인 형태
이다. 즉 쉽게 말해 6구에서 4구로 시가 축약되어 있다. 노산 이은상 시
인이 처음으로 시도했다.

　초반에는 이은상을 비롯한 여러 시조 시인이 양장시조를 창작했으나,
일본의 정통 정형시인 와카의 5.7.5조와 7.7조의 2행 구조를 시조 3장에
서 한 장을 뺀 형태로 접합시켜 본 것이라는 비판을 받고 형태가 지나치
게 작위적이며 반일적인 민족 감정도 작용하여 작가들의 호응을 얻지
못해 잊히며, 이은상 역시 후속 작품을 발표하지 않아 실험작으로 그치

고 말았다.

> 뵈오려 안 뵈는 님, 눈 감으니 보이시네
> 감아야 보이신다면 소경 되어지이다.
> – 이은상, 소경 되어지이다

- 사설시조

조선 후기에 상품경제의 발달과 한양, 지역별 장시를 배경으로 유흥문화가 발달하면서, 사대부 취향 일변도였던 시조가 점차 중인이나 부농, 부유한 상인 등에게도 유행해 점차 대중화한 형태로 추정된다. 평시조의 기본을 지키면서 각 장을 길게 늘여 쓰거나, 초장은 그대로이고 중장 혹은 종장, 혹은 둘 모두 확장하거나, 때로는 대구를 이루어 반복되는 형태이다.

> 모란은 화중왕이요, 향일화는 충효로다.
> 매화는 은일사요, 행화는 소인이요,
> 연화는 부녀요, 국화는 군자요,
> 동백화는 한사요, 박꽃은 노인이요,
> 석죽화는 소년이요, 해당화는 계집애로다.
> 이 중에 이화는 시객이요,
> 홍도, 벽도, 삼색도는 풍류랑인가 하노라     – 김수장

## - 엇시조

3장 6구를 지키긴 하지만 어느 한 부분이 늘어나 있다. 어긋난 시조라는 뜻. 평시조와 사설시조 사이에 애매하게 위치함으로써, 그 나름의 독자적인 미학을 창출해내지 못했다는 점에서 엇시조라는 개념의 설정 자체를 비판적으로 보는 견해가 다수 있다. 현재는 시조의 이른바 3분류법을 부정하며 엇시조를 빼버려야 한다는 논의가 거의 정설처럼 되어가고 있다.

청산(靑山)도 절로 절로 녹수(綠水)도 절로 절로
산(山) 절로 수(水) 절로 산수간(山水間)에 나도 절로
그중에 절로 절로 자란 몸이 늙기도 절로 절로 하리라  - 송시열


## - 옴니버스 시조(혼합 시조)

**이어도 사나, 이어도 사나\* / 윤금초**

긴긴 세월 동안 섬은 늘 거기 있어 왔다. 그러나 섬을 본 사람은 아무도 없었다. 섬을 본 사람은 모두 섬으로 가 버렸기 때문이었다.
아무도 다시 섬을 떠나 돌아온 사람은 없었기 때문이었다.
- 이청준 소설 '이어도'에서

지느러미 나풀거리는, 기력 풋풋한 아침 바당**
고기비늘 황금 알갱이 노역의 등짐 부려놓고
이어도, 이어도 사나. 이어도 사나, 이어 이어….

통방울눈 돌하루방 눈빛 저리 삼삼하고
꽃멀미 질펀한 그곳, 가멸진 유채꽃 한나절.

바람 불면 바람소리 속에, 바당 울면 바당 울음 속에
웅웅웅 신음 같은, 한숨 같은 노랫가락 이어도 사나 이어도 사나
아련히 바닷바람에 실려 오고 실려 가고.

다금바리 오분재기
이어도 사나, 이어도 사나
상한 그물 손질하며
급한 물길 물질하며
산호초 꽃덤불 넘어,
캄캄한 침묵 수렁을 넘어.

자갈밭 그물코 새로 그 옛날 바닷바람 쏴쏴 지나가네.
천리 남쪽 바당 밖에 꿈처럼 생시처럼 허옇게 솟은 피안의 섬, 제주
어부 노래로 노래로 굴려온 세월 전설의 섬, 가본 사람 아무도 없이
눈에 밟히는 수수께끼 섬, 고된 이승 접고 나면 저승 복락 누리는 섬,

한번 보면 이내 가서 오지 않는, 영영 다시 오지 않는 섬이어라.

이어도, 이어도 사나. 이어도 사나, 이어 이어….

밀물 들면 수면 아래 뉘엿이 가라앉고

썰물 때면 건듯 솟아 푸른 허우대 드러내는

방어빛 파도 헤치며 두둥실 뜨는 섬이어라.

마른 낙엽 몰고 가는 마파람 쌀쌀한 그해 겨울

모슬포 바위 벼랑 울타리 없는 서역 천축 머나 먼 길 아기작 걸음 비

비닥질 수라의 바당 헤쳐 갈 때 물 이랑 뒤척이며 꿈결에 떠오른 이

어도 이어도, 수평선 훌쩍 건너 우화등선 넘어가 버리고

섬 억새 굽은 산등성이 하얗게 물들었네.

\* 이어도 사나 : 제주 민요의 한 구절.

\*\* 바당 : 바다의 제주도 말.

- 출처 : 시집 『이어도 사나, 이어도 사나』 (도서출판 고요아침, 2003년) 21~23쪽.

떡갈나무 숲길 열고 부챗살 펼친 붉은 아침

세속 도시 기웃대다 쉬엄쉬엄 숨 고르다

따그락 딱딱 따그락 젖은 발목 말리고 있네.

〉
기름기 도는 잎새 위를 둥둥 떠가는 봄 그리메

해종일 산빛 두르고 들숨 날숨 돌아와서
따그락 딱딱 따그락 저문 전(廛)을 거두고 있네.

- 매봉산 딱따구리 / 윤금초

## - 현대시조

개화기 이후부터 현대에 이르기까지 창작되어 온 시조를 말한다. 단시조보다는 연시조 형태가 많으며, 어려운 한자어를 배제하고 고유어를 많이 사용한다는 특징이 있다.

## [배행법]

### - 장별배열법

아 허방, 허방이니라 네 발이 움켜 쥔
한 평 땅 움켜 진 네 소유도 허방이니라
소유란 가벼운 두 발로 물위를 걷는 법    -소금쟁이/ 박옥위

## - 구별배열법

꽃이 피네, 한 잎 한 잎.

한 하늘이 열리고 있네.

마침내 남은 한 잎이

마지막 떨고 있는 고비.


바람도 햇볕도 숨을 죽이네.

나도 가만 눈을 감네.  - 개화(開花)/이호우


## - 음보별배열법

백 마리

천 마리

수만 마리

저 새떼


동백꽃

붉은 함성

날개 다친

희디흰 새


까맣게

퍼덕거린다
몽환의
바리케이드  – 함성/이태순


**- 혼합배열법**

입춘 날
얼음이 풀린
강가에 앉아 보렴
앞물이 지난 자리를 뒷물이 채워주며
더불어 어깨를 겯고
흔들리며
가노니

오늘,
내 앉은 자리
내일은 네가 앉아라
가없는 시간의 강가에 모래알로 내가 앉아
강물이 제 길을 가듯
소리 낮출
일이다    – 자리7 – 강가에서/리강룡

# 1 천숙녀의 「맨발」

맨발 / 천숙녀

버리지 못하는 집착의 길 한짐 씩 덜어내자
맞물린 톱니에 갇혀 견뎌야 했던 급류쯤
역류로 흐르는 소문은 참아온 내열耐熱이다

봄볕이 몰고 온 사연 소름으로 돋았다
꼿꼿이 서서 버티었던 발길 뚝 끊긴 사월
한바탕 춤사위였다 칼집 내어 버무리던

한여름 출렁이던 서녘 하늘에 노을이 탄다
땅을 치며 쏟은 눈물 목청 풀고 울었던 날
지독한 눈물이 있어 꽃으로 피는 거다

생生의 순간 오늘 하루는 한 편의 드라마다
수맥水脈으로 흐르면서 꿈틀거리는 목숨 줄

우주의 맑은 길 여는 가뿐한 맨발이다


– 출처 천숙녀 시조집 『비움』 (건강신문사, 2020) 19쪽.


## [원본 또는 정본 확인과정]
천숙녀시조집 『비움』 (건강신문사, 2020)에서 발췌하였다.

## [시인소개]
천숙녀 시인

출생 : 경북 문경 출생.

데뷔 : 1995년 월간 《문학공간》으로 등단, 2000년 《현대시조》 신인상.

경력 : 한민족독도사관 관장.

수상 : 국회독도특위 독도수호 공로패, 《천지일보》 천지사회인상 수상.

## [시조의 이해]
한 생을 살아가는 일은 언제나 맨발이다. 수십 년 혹은 일백 년 살아 가는 순간순간은 한 편의 드라마이다. 그러나 우리는 목숨을 걸었던 한 순간이 지나고 나면 또다시 한순간을 위해 맨발로 서는 거다.

## [발음 연구]
〈덜어내자 → 더러내자〉

어원 : '덜:다'는 장음이지만 활용형 '덜어'는 단음으로 발음된다.

〈참아온 →차마온〉

어원 : '참:다'는 장음이지만 활용형 '참아'는 단음으로 발음된다.

〈내어 →내어〉

어원 : '내:다'는 장음이지만 활용형 '내어'는 단음으로 발음된다.

〈울었던 →우럳떤〉

어원 : '울:다'는 장음이지만 활용형 '울어'는 단음으로 발음된다.


했:던 : '하였다'의 준말 '했:다'는 장음이다. '하여(해) [하여(해:)] 하니 [하니]


## [장·단음 연구]

〈장음〉

못:하는, 했:던, 소:문은, 내:열이다, 몰:고, 소:름으로, 사:월, 우:주의, 여:는.


## [된소리, 거센소리, 예사소리]

〈된소리되기=경음화〉

했던-핻ː떤, 봄볕이-봄뼈치, 돋았다-도닫따, 버티었던-버티얻떤, 발길-발낄, 춤사위였다-춤사위엳따, 울었던-우럳떤, 목숨 줄-목쑴 줄(목쑴 쭐).

〈거센소리되기-격음화〉

못하는-모ː타는, 갇혀-가처, 끊긴-끈킨, 지독한-지도칸.

## [조사 '의'의 발음]

이 시조에는 아래와 같이 조사 '의'가 등장한다. 소유격 조사 '의'의 발음이 힘든 낭송가는 처소격 조사 '에'로 발음을 할 수 밖에 없겠으나 시 낭송가에게 소유격 조사 '의'의 발음은 필수적으로 필요한 발음이다. 발음 '의'가 원칙이고 '에'는 허용일 뿐임을 명심하자.

'버리지 못하는 집착의 길'

'생生의 순간 오늘 하루는'

'한 편의 드라마다'

'우주의 맑은 길 여는 가뿐한 맨발이다'

## [띄어읽기와 끊어읽기]

초장, 중장은 대체적으로 구를 기준으로 띄어읽기를 하지만 종장의 경우는 첫음보를 띄어읽기하는 경우가 있다. 시조의 문장을 잘 파악하여 선택하기 바란다.

〈마지막 종장의 처리〉-권유.

'역류로 흐르는 소문은/ 참아온/ 내열耐熱이다'

'한바탕 춤사위였다/ 칼집 내어 버무리던'

'지독한/ 눈물이 있어/ 꽃으로 피는 거다'

'우주의/ 맑은 길 여는/ 가뿐한 맨발이다'

## [중요 낱말 및 시어 시구 풀이]

내열耐熱 : 높은 열을 견딤.

칼집 : [발음-칼찝]. 칼날을 보호하기 위하여 칼의 몸을 꽂아 넣어 두도록 만든 물건. ≒검실, 검집, 검초, 도실.

칼집 : [발음-칼찝]. 칼로 가늘게 베어서 낸 틈.

## [낭송의 실제]

### 맨발 / 천숙녀

– 맨발 / 시조 천숙녀. 낭:송 ○○○.

버리지 못하는 집착의 길 한짐 씩 덜어내자
– 버리지 모:타는 집차긔(게) 길 한짐 씩 더러내자
맞물린 톱니에 갇혀 견뎌야 했던 급류쯤
– 만물린 톰니에 가처 견뎌야 핻:떤 금뉴쯤
역류로 흐르는 소문은 참아온 내열耐熱이다
– 영뉴로 흐르는 소:무는 차마온 내:여리다

봄볕이 몰고 온 사연 소름으로 돋았다

- 봄뼈치 몰:고 온 사연 소:르므로 도닫따

꼿꼿이 서서 버티었던 발길 뚝 끊긴 사월

- 꼳꼬시 서서 버티얻떤 발낄 뚝 끈킨 사:월

한바탕 춤사위였다 칼집 내어 버무리던

- 한바탕 춤사위엳따 칼집(칼찝×) 내어 버무리던


한여름 출렁이던 서녘 하늘에 노을이 탄다

- 한녀름 출렁이던 서녁 하느레 노으리 탄다

땅을 치며 쏟은 눈물 목청 풀고 울었던 날

- 땅을 치며 쏘든 눈물 목청 풀고 우럳떤 날

지독한 눈물이 있어 꽃으로 피는 거다

- *지도칸* 눈무리 이써 꼬츠로 피는 거다


생生의 순간 오늘 하루는 한 편의 드라마다

- 생의(에) 순간 오늘 하루는 한 펴늬(네) 드라마다

수맥水脈으로 흐르면서 꿈틀거리는 목숨 줄

- 수매그로 흐르면서 꿈틀거리는 목쑴 줄(목쑴쭐)

우주의 맑은 길 여는 가뿐한 맨발이다

- 우:주의(에) 말근 길 여:는 가뿐한 맨바리다

# 2 김진길의 「新 어부사시사」

## 新 어부사시사 / 김진길

그물코 다 기웠다 배 띄워라 배 띄워라
샛바람 잦아드니 갈앉은 배꾼 근심
잔 너울 가볍게 살랑 봄 햇살을 싣고 가자.

바닷길은 한길이라 고향으로 나 있다며
비릿한 향수병에 배를 탄 이국 청년
저녁답 찬 노을빛에 서툰 말은 얼붙고.

몸덩이만 성하다면 노동요는 만국 공용
이어라 이어라 지국총 어사와 *
저 깊은 바닷속으로 꿈을 얽어 던진다.

돛 디여라 돛 디여라** 저 큰 달 어찌 싣나
그물은 숭숭하여 다 흘러도 만선이니

별빛을 총총 알 박은 이 바다는 두고 가자.

닫 디여라 닫 디여라*** 하마 날이 밝는다
간밤에 미끄덩 빠진 그달은 그만 잊고
파다닥 뛰는 활어의 짧은 해를 묵상하자.

어창 문 어서 닫자 뭍의 근심 숨어들라
마중나온 소주잔에 알큰하게 오른 취기
입 풀린 안남 청년****이 제 바다를 한 짐 푼다.

* 윤선도의 『어부사시사』에서 차용. 노 젓는 소리.
** 돛 내려라 돛 내려라.
***닻 내려라 닻 내려라.
****베트남 청년

- 계간 시조전문지 『나래시조』(2023년 가을호) 88쪽.

## [원본 또는 정본 확인 과정]
- 계간 시조전문지 『나래시조』(2023년 가을호)에서 원문을 확보하였
다.

## [참고본 또는 이본]

참고본 또는 이본이 없다.

## [시인소개]

김진길 시인

**출생** : 1969년 강원도 영월 출생.

**데뷔** : 2006년 『부산일보』 신춘문예 당선.

**수상** : 2014년 한국시조시인협회 신인상, 2015년 올해의 단수시조 대상.

**저서** : 시조집 『집시, 은하를 걷다』 『밤톨줍기』 『화석지대』.

## [시조의 이해]

〈어부사시사〉

조선시대 정치가였던 윤선도가 1651년(효종 2년)에 보길도를 배경으로 지은 연시조. 고등학교 문학교과서에 수록되어 있다. 주된 내용은 어부(漁父)로 살아가는 소탈한 삶에 대한 시다.

시조임에도 초장과 중장, 중장과 종장 사이에 운율을 맞추기 위한 다른 구절이 삽입되어 있는데, 바로 그 유명한 "지국총 지국총 어사와"이다. 어부사시사를 공부한 고등학생이라면 웬만해선 알고 있을 정도. 하지만 이 변칙적인 구절이 시의 내용상으로는 아무 의미가 없기 때문에 이 구절 때문에 어부사시사가 시조가 아닌 새로운 형식으로 정의된다든가 하는 일은 없다. 이런 식의 의미 없는 구절 삽입은 고려가요에서도 나타나고 있기도 하고, 사실 이 소재는 고려 시대 때부터 내려오고 있었다. 작자 미상의 어부가가 바로 그것으로, 시조가 아닌 장가 11장(악장가사)이었다. 이후에도 중종 대에 이현보가 9장 장가로 개작하였고, 윤선도는 그 시를 계승한 것이라 보면 된다. 이전 시와의 차이점이 있다면, 이현보의 시는 도피적인 분위기가 있다면 윤선도의 시는 사실적으로 어부의 삶을 그렸다는 것이다.

또한 2020년 9월 고1 국어 전국연합학력평가에 출제되었다.

'신 어부사시사'는 조선시대의 어부의 삶과 풍습이 지금과는 많이 다르다는 것을 풍자하고 있다. 뱃전에는 조선의 순박하고 소박했던 어부가 아니라 타국에서 온 언어조차 다른 어부가 타고 있다.

## [장·단음 연구]
〈장음〉

다: , 싣:고, 이:국, 서:툰, 말:은, 얼:붙고, 만:국, 싣:나, 만:선이니, 별:빛을, 빠:진, 취:기.

## [된소리, 거센소리, 예사소리]
〈된소리되기=경음화〉

기웠다-기웓따, 샛바람-새(샏)빠람, 가볍게-가볍께, 햇살을-해(핻)싸를, 신고-싣꼬, 바닷길은-바다(닫)끼른, 있다며-읻따며, 향수병에-향수뼝에, 저녁답-저녁땁, 노을빛에-노을삐체, 몸덩이만-몸떵이만, 바닷속으로-바다(닫)쏘그로, 별빛을-별 : 삐츨, 잊고-읻꼬, 묵상하자-묵쌍하자, 닫자-닫짜, 소주잔에-소주짜네.
〈거센소리되기-격음화〉
비릿한-비리탄.

## [조사 '의'의 발음]

이 시조에는 아래와 같이 조사 '의'가 등장한다. 소유격 조사 '의'의 발음이 힘든 낭송가는 처소격 조사 '에'로 발음을 할 수 밖에 없겠으나 시낭송가에게 소유격 조사 '의'의 발음은 필수적으로 필요한 발음이다. 발음 '의'가 원칙이고 '에'는 허용일 뿐임을 명심하자.

'파다닥 튀는 활어의 짧은 해를 묵상하자.' (꼭 '의'로 발음 권유)

'어창 문 어서 닫자 뭍의 근심 숨어들라' (꼭 '의'로 발음 권유)

('에'로 하면 뭍의 근심이 어창으로 숨어 드는 게 아니라 반대로 뭍으로 근심이 숨어 들어가는 게 됨, 의로 발음해야 의미가 변하지 않음)

## [띄어읽기와 끊어읽기]

초장, 중장은 대체적으로 구를 기준으로 띄어읽기를 하지만 종장의 경우는 첫음보를 띄어읽기하는 경우가 있다. 시조의 문장을 잘 파악하여 선택하기 바란다.

〈마지막 종장의 처리〉 -권유.

'잔 너울/ 가볍게 살랑/ 봄 햇살을 싣고 가자.'

'저녁답/ 찬 노을빛에/ 서툰 말은 얼붙고.'
'저 깊은 바닷속으로/ 꿈을 얽어 던진다.'
'별빛을/ 총총 알 박은/ 이 바다는/ 두고 가자.'
'파다닥 튀는 활어의/ 짧은 해를/ 묵상하자.'
'입 풀린 안남 청년이/ 제 바다를/ 한 짐 푼다.'

## [중요 낱말 및 시어 시구 풀이]

하마 – 국어사전에는 없고 '오픈 사전'에 등장한다.
　　　 '벌써'의 경북 울진 지방 사투리.
안남 – 『지명』 '베트남'의 다른 이름. 중국 당나라 때, 지금의 베트남령에
　　　 안남 도호부를 둔 데서 유래한다.

## [낭송의 실제]

## 新 어부사시사 / 김진길

– 신 어부사시사 / 시조 김진길. 낭:송 ○○○.

그물코 다 기웠다 배 띄워라 배 띄워라
– 그물코 다: 기원따 배 띠워라 배 띠워라
샛바람 잦아드니 갈앉은 배꾼 근심

- 새(샏)빠람 자자드니 가란즌 배꾼 근심

잔 너울 가볍게 살랑 봄 햇살을 싣고 가자.

- 잔 너울 가볍께 살랑 봄 해(핻)싸를 싣:꼬 가자.


바닷길은 한길이라 고향으로 나 있다며

- 바다(닫)끼른 한기리라 고향으로 나 읻따며

비릿한 향수병에 배를 탄 이국 청년

- *비리탄* 향수뼝에 배를 탄 이:국 청년

저녁답 찬 노을빛에 서툰 말은 얼붙고.

- 저녁땁 찬 노을삐체 서:툰 마:른 얼:붇꼬.


몸덩이만 성하다면 노동요는 만국 공용

- 몸떵이만 성하다면 노동요는 만:국 공:용

이어라 이어라 지국총 어사와

- 이어라 이어라 지국총 어사와

저 깊은 바닷속으로 꿈을 얽어 던진다.

- 저 기픈 바다(닫)쏘그로 꾸을 얼거 던진다.


돛 디여라 돛 디여라 저 큰 달 어찌 싣나

- 돋 디여라 돋 디여라 저 큰 달 어찌 신:나

그물은 숭숭하여 다 흘러도 만선이니

- 그무른 숭숭하여 다: 흘러도 만:서니니

별빛을 총총 알 박은 이 바다는 두고 가자.

– 별:삐츨 총총 알 바근 이 바다는 두고 가자.


달 디여라 달 디여라 하마 날이 밝는다

– 달 디여라 달 디여라 하마 나리 방는다

간밤에 미끄덩 빠진 그달은 그만 잊고

– 간바메 미끄덩 빠:진 그다른 그만 일꼬

파다닥 뛰는 활어의 짧은 해를 묵상하자.

– 파다닥 뛰는 화러의(에×) 짤븐 해를 묵쌍하자.


어창 문 어서 닫자 뭍의 근심 숨어들라

– 어창 문 어서 닫짜 무틔(테×) 근심 수머들라

마중나온 소주잔에 알큰하게 오른 취기

– 마중나온 소주짜네 알큰하게 오른 취:기

입 풀린 안남 청년이 제 바다를 한 짐 푼다.

– 입 풀린 안남 청녀니 제 바다를 한 짐 푼다.


\* 至菊叢至菊叢於斯臥(지국총지국총어사와) –찌그덕 찌그덕 어여차.

# 3 이광의 「오월」

## 오월 / 이광

- 장목수

여보, 날 참 조타 저 산빛 보거래이

내 인자사 말한다만 당신도 오월으 신부 아이가, 갱상도 문디가 절라
도 순디를 만나 세상 다 가진 거 같았제, 호강시키줄라 해꾸마는 고생만
시키싸아 내 억수로 미안핸능 거 아나? 빼아픈 후회를 해바봐야 철이란
기 드는 깅가 고마 그노무 노름판은 생각도 하기 실타카이, 욕심 부릴
일도 걱정 싸매 댕길 일도 인자는 엄따, 빚도 얼쭈 가파붓꼬 애들도 다
컸다 아이가. 몬난 애비지만 애들 뒷바라진 웬마이 해준 거 같은데 글쎄
머스마야 글타치고 딸자슥은 지 엄마 손이 가얄 데도 있능 기라..... 아이
쿠, 내 정신 쫌 보거래이 당신 따라줄라꼬 가온 술 홀짝홀짝 다 마실 뿐
핸네 자, 쪼매라도 부우주께 그리고 추석엔 애들 데꼬 오꾸마, 그 단새 생
각나믄 아무 때고 또 올 텡께

실없이 자꾸 온다꼬 머라카진 마래이

- 현대시조 100인선 『시장 사람들』 (고요아침. 2016년 8월 27일) 79쪽.


## [원본 또는 정본 확인 과정]

- 현대시조 100인선 『시장 사람들』에 실린 원문을 이광 시인에게 직접
  받아서 실었다.


## [참고본 또는 이본]

참고본 또는 이본이 없다.


## [시인소개]

이광 시인

**출생** : 1956년 부산 출생.

**데뷔** : 2007년 『국제신문』 신춘문예 당선.

**수상** : 부산시조 작품상. 나래시조문학상. 이호우 시조문학상 신인상
        수상.

**저서** : 시조집 『바람이 사람 같다』 현대시조 100인선 『시장 사람들』 외.


## [시조의 이해]

경상도 사투리로 엮어진 '사설시조'이다. 경상도 총각이 전라도 처녀를

만나 결혼하고 아이 낳고 오순도순 살다가 아내가 먼저 세상을 떠난 모양이다. 무덤을 찾아온 남편은 혼자 키운 자식들 이야기를 하며 가지고 온 술을 따르며 푸념과 그리움을 풀어낸다.

'실없이 자꾸 온다꼬 머라카진 마래이'라는 종장의 구절이 찔끔 눈물이라도 맺힐 것 같다.

## [발음 연구]
일도 - 일:도

* 일도 - '도'가 명사일 때는 '일또'로 표준발음법 26항에 해당되고, '도'가 보조사일때는 '일도'로 발음된다.

마래이 - 마래이

* 어원 '말:다'는 장음이지만 활용형 '말아'는 단음으로 발음된다.

## [장·단음 연구]
〈장음〉

오:월, 조:타, 말:한다만, 오:월으, 갱:상도, 순:디를, 세:상, 다:, 해:꾸마는, 아:나, 후:회를, 해:바봐야, 일:도, 엄:따, 애:들도, 몬:난, 애:들, 뒷:바라진, 웬:마이, 해:준 거, 아:무.

## [된소리, 거센소리, 예사소리]
〈된소리되기=경음화〉

목수-목쑤, 산빛-산삗, 같았제-가탇쩨, 억수로-억쑤로, 생각도-생각또,

컸다-컨따, 실없이-시럽씨.

〈거센소리되기-격음화〉

홀짝홀짝-홀짜콜짝.


## [조사 '의'의 발음]

조사 '의'가 하나도 없다.


## [띄어읽기와 끊어읽기]

초장, 중장은 대체적으로 구를 기준으로 띄어읽기를 하지만 종장의 경우는 첫음보를 띄어읽기하는 경우가 있다. 시조의 문장을 잘 파악하여 선택하기 바란다.

〈종장의 처리〉-권유.


'실없이/ 자꾸 온다꼬/ 머라카진 마래이'


## [중요 낱말 및 시어 시구 풀이]

경상도 사투리를 이해하면 뜻의 풀이에는 문제가 없다.


## [낭송의 실제]


오월 / 이광

-오:월
- 장목수
- 장목쑤 / 시조 이광. 낭:송 ○○○.

여보, 날 참 조타 저 산빛 보거래이
 - 여보, 날 참 조:타 저 산삗 보거래이


　내 인자사 말한다만 당신도 오월으 신부 아이가, 갱상도 문디가 절라도 순디를 만나 세상 다 가진 거 같았제, 호강시키줄라 해꾸마는 고생만 시키싸아 내 억수로 미안핸능 거 아나? 빼아픈 후회를 해바봐야 철이란 기 드는 깅가 고마 그노무 노름판은 생각도 하기 실타카이, 욕심 부릴 일도 걱정 싸매 댕길 일도 인자는 엄따, 빚도 얼쭈 가파붓꼬 애들도 다 컸다 아이가. 몬난 애비지만 애들 뒷바라진 웬마이 해준 거 같은데 글쎄 머스마야 글타치고 딸자슥은 지 엄마 손이 가얄 데도 있능 기라…… 아이쿠, 내 정신 쫌 보거래이 당신 따라줄라꼬 가온 술 홀짝홀짝 다 마실 뿐핸네 자, 쪼매라도 부우주께 그라고 추석엔 애들 데꼬 오꾸마, 그 단새 생각나믄 아무 때고 또 올 텡께
　- 내 인자사 말:한다만 당신도 오:워르 신부 아이가, 갱:상도 문디가 절라도 순:디를 만나 세:상 다: 가진 거 가탇쩨, 호강시키줄라 해:꾸마는 고생만 시키싸아 내 억쑤로 미안핸능 거 아:나? 빼아픈 후:회를 해:바봐야 처리란 기 드는 깅가 고마 그노무 노름파는 생각또 하기 실타카이, 욕씸 부릴 일:도 걱쩡 싸매 댕길 일:도 인자

는 엄:따, 빋또 얼쭈 <u>가파뿌꼬</u> 애:들도 다: 컨따 아이가. 몬:난 애
비지만 애:들 된:빠라진 <u>웬:마이</u> 해:준 거 가튼데 글쎄 머스마야
글타치고 딸자스근 지 엄마 소니 가얄 데도 인능 기라······ 아이쿠,
내 정신 쫌 보거래이 당신 따라줄라꼬 가온 술 *홀짜콜짝* 다: 마실
뿐핸네 자, 쪼매라도 부우주께 그라고 추서겐 애:들 데꼬 오꾸마, 그
단새 생강나믄 아:무 때고 또 올 텡께

실없이 자꾸 온다꼬 머라카진 마래이
- 시럽씨 자꾸 온다꼬 머라카진 마래이

# 4 곽종희의 「이불에 대한 소고小考」

## 이불에 대한 소고小考 / 곽종희

빨강 초록 비단결이 켜켜이 잠을 자도
정작엔 사십 년 된 낡은 이불 덮는 엄마
기실은 지난날들을 버리기 싫은 거다

아부지 미운 정을 촘촘히 누벼 넣고
자식들 보고픔도 땀땀이 바느질한
숨 죽은 그리움 한 채 덮고 사는 것일 게다

낡은 이불 한 채에 삐져나온 발이 열 개
흩어진 그 발들을 다독이는 꿈속에는
옥양목 시린 홑청이 서걱이고 있겠다

- 시조집 『외로 선 작은 돌탑』 (책만드는집, 2022) 13쪽.

## [원본 또는 정본 확인과정]

곽종희 시조집 『외로 선 작은 돌탑』에서 원본을 발췌하였다.


## [참고본 또는 이본]

참고본 또는 이본이 없다.


## [시인소개]

곽종희 시인

**출생** : 경북 영양 출생.

**데뷔** : 2018년 『나래시조』 신인상.

**경력** : 울산시조시인협회 사무국장.

**수상** : 중앙시조백일장 장원, 2022년 울산문화재단 창작지원금 수혜.

**저서** : 시집 『외로 선 작은 돌탑』.


## [시조의 이해]

　이불이라는 것은 지구상에 사는 사람이라면 누구나 필수품으로 가지고 있어야 할 물건이다. 혼자 덮는 이불도 있고 여럿이 덮는 이불도 있다. 부부라면 당연히 둘이 덮는 이불을 가지고 있었을 게다. 이 시조의 주인공인 어머니도 지아비를 여의고 그 따뜻했던 지아비의 체온을 버리지 못해 낡은 이불을 버리지 않고 덮고 산다. 이 이불에서 삐져나온 발이 열 개인 것을 보면 어머니는 자식을 다섯이나 낳았지만 뿔뿔이 흩어지고 어머니 혼자서 지내나 보다.

## [발음 연구]

* 정작 – 정:작

　　표준국어대사전 – '정작' 단음으로 표기.

　　– 그러나 '우리말샘'으로 전문가 감수 정보를 찾아보면 '장음'으로 표기되어 있다.

　　네이버 국어사전 – '정: 작' 장음으로 표기.

　　다음 한국어 – 표기는 '정: 작'으로 해놓고 실제 발음은 단음으로 발음함.


* 옥양목 – 오걍목

　　표준국어대사전 – '오걍목'으로 표기.

　　네이버 국어사전 – '옥양목'으로 표기.

　　다음 한국어 – 발음 표기 없음.


## [장·단음 연구]

〈장음〉

대:한, 소: 고, 정:작엔, 비:단결이, 사:십, 숨:, 사:는, 열:.

열: : 열십(十), 아홉에 하나를 더한 수. 다음 사전이나 네이버 사전에는 장음 표기가 없다. 그러나 '국립국어원 표준국어대사전'에는 장음표기가 있다. 여기서는 대사전의 표기법을 따른다. ('우리말샘'의 '전문가 감수 정보'를 참조)

## [된소리, 거센소리, 예사소리]

〈된소리되기=경음화〉

비단결이-비 : 단껴리, 자식들-자식뜰, 덮고-덥꼬, 꿈속에는-꿈쏘게는, 있겠다-읻껟따.

〈거센소리되기-격음화〉

넣고-너코.


## [조사 '의'의 발음]

이 시조에는 조사 '의'가 없다.


## [띄어읽기와 끊어읽기]

초장, 중장은 대체적으로 구를 기준으로 띄어읽기를 하지만 종장의 경우는 첫음보를 띄어읽기하는 경우가 있다. 시조의 문장을 잘 파악하여 선택하기 바란다.

〈종장의 처리〉 -권유.


　'기실은/ 지난날들을/ 버리기 싫은 거다'

　'숨 죽은/그리움 한 채/ 덮고 사는/ 것일 게다'

　'옥양목/ 시린 홑청이/ 서걱이고 있겠다'


## [중요 낱말 및 시어 시구 풀이]

소고小考 : 완벽한 체계를 세우지 않은, 가볍고 단편적인 고찰

기실 : 사실상으로. 실제에 있어서.

정작 : 요긴하거나 진짜인 것. 또는 그런 점이나 부분. (실제에 있어서)


## [낭송의 실제]

## 이불에 대한 소고小考 / 곽종희

- 이부레 대:한 소:고小考 / 시조 곽종희. 낭:송 ○○○.


빨강 초록 비단결이 켜켜이 잠을 자도

- 빨강 초록 비:단껴리 켜켜이 자을 자도

정작엔 사십 년 된 낡은 이불 덮는 엄마

- 정:자겐 사:십 년 된 날근 이불 덤는 엄마

기실은 지난날들을 버리기 싫은 거다

- 기시른 지난날드를 버리기 시른 거다


아부지 미운 정을 촘촘히 누벼 넣고

- 아부지 미운 정을 촘촘히 누벼 너:코

자식들 보고픔도 땀땀이 바느질한

- 자식뜰 보고픔도 땀따미 바느질한

숨 죽은 그리움 한 채 덮고 사는 것일 게다

- 숨: 주근 그리움 한 채 덥꼬 사:는 거실 게다(거실께다)

〉

낡은 이불 한 채에 삐져나온 발이 열 개

– 날근 이불 한 채에 삐저나온 바리 열 ː 개(열 ː 깨)

흩어진 그 발들을 다독이는 꿈속에는

– 흐터진 그 발드를 다도기는 꿈쏘게는

옥양목 시린 홑청이 서걱이고 있겠다

– 오걍목 시린 홀청이 서거기고 읻껟따

# 5 윤금초의 「이어도 사나, 이어도 사나」


## 이어도 사나, 이어도 사나 * / 윤금초

긴긴 세월 동안 섬은 늘 거기 있어 왔다. 그러나 섬을 본 사람은 아무도 없었다. 섬을 본 사람은 모두 섬으로 가 버렸기 때문이었다.
아무도 다시 섬을 떠나 돌아온 사람은 없었기 때문이었다.
– 이청준 소설 '이어도'에서


지느러미 나풀거리는, 기력 풋풋한 아침 바당**
고기비늘 황금 알갱이 노역의 등짐 부려놓고
이어도, 이어도 사나. 이어도 사나, 이어 이어…


퉁방울눈 돌하루방 눈빛 저리 삼삼하고
꽃멀미 질펀한 그곳, 가멸진 유채꽃 한나절.


바람 불면 바람소리 속에, 바당 울면 바당 울음 속에
웅웅웅 신음 같은, 한숨 같은 노랫가락 이어도 사나 이어도 사나

아련히 바닷바람에 실려 오고 실려 가고.

다금바리 오분재기
이어도 사나, 이어도 사나
상한 그물 손질하며
급한 물길 물질하며
산호초 꽃덤불 넘어,
캄캄한 침묵 수렁을 넘어.

자갈밭 그물코 새로 그 옛날 바닷바람 쏴쏴 지나가네.
천리 남쪽 바당 밖에 꿈처럼 생시처럼 허옇게 솟은 피안의 섬, 제주 어부 노래로 노래로 굴려온 세월 전설의 섬, 가본 사람 아무도 없이 눈에 밟히는 수수께끼 섬, 고된 이승 접고 나면 저승 복락 누리는 섬, 한번 보면 이내 가서 오지 않는, 영영 다시 오지 않는 섬이어라.
이어도, 이어도 사나. 이어도 사나, 이어 이어….

밀물 들면 수면 아래 뉘엿이 가라앉고
썰물 때면 건듯 솟아 푸른 허우대 드러내는
방어빛 파도 헤치며 두둥실 뜨는 섬이어라.

마른 낙엽 몰고 가는 마파람 쌀쌀한 그해 겨울
모슬포 바위 벼랑 울타리 없는 서역 천축 머나 먼 길 아기작 걸음 비

비닥질 수라의 바당 헤쳐 갈 때 물 이랑 뒤척이며 꿈결에 떠오른 이어도

이어도, 수평선 훌쩍 건너 우화등선 넘어가 버리고

  섬 억새 굽은 산등성이 하얗게 물들였네.


\* 이어도 사나 : 제주 민요의 한 구절.

\*\* 바당 : 바다의 제주도 말.


– 출처 : 시집 『이어도 사나, 이어도 사나』(도서출판 고요아침, 2003년) 21~23쪽.


## [원본 또는 정본 확인과정]

윤금초 시집 『이어도 사나, 이어도 사나』에서 원본을 발췌하였다.


## [참고본 또는 이본]

참고본 또는 이본은 생략한다.


## [시인소개]

윤금초 시인

**출생** : 1941년 8월 7일 전남 해남군.

**데뷔** : 1968년 동아일보 신춘문예에 시 '안부'

**학력** : 서라벌예술대학 문예창작학.

**경력** : 2000~경기대학교 동양어문학부 문예창작학 교수.

수상 : 2006. 제11회 현대불교문학상 시조부문, 중앙일보 중앙시조대상,
민족시가대상.

## [시조의 이해]

이 시조는 옴니버스 시조다. 옴니버스 시조란 '한 편의 연작 시조 속에
평시조, 엇시조, 사설시조, 양장시조 등 다양한 시조 형식이 다 들어가
있는 혼합 연형시조'를 말한다.

'이어도 사나'라는 말의 뜻은 "이제 어찌하여 사나"라는 한탄의 의미
도 있고, 아이들이 어릴 때 아빠, 오빠가 배 타러 가다가 죽으면 애들한
테 이야기하기에는 설명으로 부족하고, 죽음이란 개념 자체를 이해 못
할 정도로 어린 경우이니, 그냥 아빠랑 오빠가 여자만 사는 섬인 이어도
가서 산다고 말한다는 뜻도 있다. 아이들도 언젠가 커서 자기들 아빠, 오
빠가 산다는 이어도의 진짜 의미를 깨닫고 어른이 된다는 이야기가 담
긴 것이 '이어도 사나'란 민요다.

'이어도'는 국토 최남단 마라도에서 서남쪽으로 149km에 위치한 수중
암초다. 국내 해양학계에서의 공식 명칭은 파랑도(破浪島)이다. 이어도
는 최고봉이 수중 4.6m 아래로 잠겨 있어 10m 이상의 파도가 치지 않
는 이상 육안으로는 좀처럼 보기 힘들다. 이 때문에 제주도 전설에서는
이어도가 어부들이 죽으면 가는 환상의 섬, 즉 상상 속의 섬으로 전해졌
으며 문학작품 속에서도 자주 등장했다.

우리나라는 1951년 국토규명사업의 일환으로 이어도 탐사를 진행했고 이후 '대한민국 영토, 이어도'라고 새긴 동판 표지를 가라앉혔다. 그리고 1970년에는 이어도 해역을 제7광구로 지정한 해저광물자원개발법을 제정하였다. 이후 1987년 해운항만청이 이어도 최초의 구조물인 이어도 부표를 띄우고 국제적으로 공표하였으며, 2003년에는 이어도에 해양과학기지를 건설하였다.

그러나 중국은 1990년대 이후 이어도가 자국의 수역 내에 있다는 주장을 펴면서 우리나라와 마찰을 빚고 있다. 한국과 중국은 1996년부터 배타적경제수역(EEZ) 경계획정 협상을 벌이고 있지만 아직 경계선을 정하지 못한 상태다. 양국은 2006년에는 이어도가 수중 암초로 섬이 아닌 만큼 영토분쟁의 대상이 아니라는 데 합의했다.

하지만 중국은 이어도에 한국이 해양과학기지를 설치한 것은 문제가 있다고 지속적으로 항의하는 것은 물론 2013년에는 이어도와 주변 배타적 경제수역 상공을 중국 방공식별구역(CADIZ)으로 선포하면서 논란을 일으켰다.

## [발음 연구]

* 꽃멀미-꼳멀미(9)-꼰멀미(18)

제9항 받침 'ㄲ, ㅋ', 'ㅅ, ㅆ, ㅈ, ㅊ, ㅌ', 'ㅍ'은 어말 또는 자음 앞에서 각각 대표음 [ㄱ, ㄷ, ㅂ]으로 발음한다.

제18항 받침 'ㄱ(ㄲ, ㅋ, ㄳ, ㄺ), ㄷ(ㅅ, ㅆ, ㅈ, ㅊ, ㅌ, ㅎ), ㅂ(ㅍ, ㄼ, ㄿ, ㅄ)' 은 'ㄴ, ㅁ' 앞에서 [ㅇ, ㄴ, ㅁ]으로 발음한다.

\* 어원 '넘:다'는 장음이지만 활용형 '넘어'는 단음으로 발음된다.


## [장·단음 연구]

〈장음〉

이:어도, 사:나, 긴:긴, 세:월, 섬:은, 섬:을, 사:람은, 아:무도, 없:었다, 섬:으로, 없:었기, 돌:하루방, 가:멸진, 불:면, 속:에, 울:면, 새:로, 옛:날, 허:옇게, 섬:, 제:주, 피:안의, 굴:려온, 없이, 영:영, 섬:이어라, 몰:고, 없:는, 머:나, 먼:, 건: 너, 우:화등선, 억:새, 하:얗게.


## [된소리, 거센소리, 예사소리]

〈된소리되기=경음화〉

왔다-왇따, 없었다-업:썯따, 버렸기-버렫끼, 때문이었다-때무니얻따, 없었기-업:썯끼, 등짐-등찜, 눈빛-눈삗, 바람소리-바람쏘리, 노랫가락-노랟까락, 바닷바람에-바다(닫)빠라메, 물길-물낄, 꽃덤불-꼳떰불, 없이-업:씨, 접고-접꼬, 가라앉고-가라안꼬, 방어빛-방어삗, 비비닥질-비비닥찔, 꿈결에-꿈껴레, 억새-억:쌔, 산등성이-산뜽성이.

〈거센소리되기-격음화〉

풋풋한-푿푸탄, 부려놓고-부려노코, 질퍽한-질퍼칸, 급한-그판, 허옇게-허:여케, 밟히는-발피는, 하얗게-하:야케.

## [조사 '의'의 발음]

이 시조에는 아래와 같이 조사 '의'가 등장한다. 소유격 조사 '의'의 발음이 힘든 낭송가는 처소격 조사 '에'로 발음을 할 수 밖에 없겠으나 시 낭송가에게 소유격 조사 '의'의 발음은 필수적으로 필요한 발음이다. 발음 '의'가 원칙이고 '에'는 허용일 뿐임을 명심하자.

'고기비늘 황금 알갱이 노역*의* 등짐 부려놓고'
'꿈처럼 생시처럼 허옇게 솟은 피안*의* 섬'
'노래로 노래로 굴려온 세월 전설*의* 섬'
'아기작 걸음 비비닥질 수라*의* 바당 헤쳐 갈 때'

## [띄어읽기와 끊어읽기]

초장, 중장은 대체적으로 구를 기준으로 띄어읽기를 하지만 종장의 경우는 첫음보를 띄어읽기하는 경우가 있다. 시조의 문장을 잘 파악하여 선택하기 바란다.
〈종장의 처리〉-권유.

'섬 억새/ 굽은 산등성이/ 하얗게 물들였네.'
'꽃멀미 질퍽한 그곳,/ 가멸진 유채꽃/ 한나절.'
'아련히 바닷바람에/ 실려 오고/ 실려 가고.'
'방어빛 파도 헤치며/ 두둥실 뜨는/ 섬이어라.'

[중요 낱말 및 시어 시구 풀이]

**이어도사나** : 제주도의 해녀들이 배를 타고 바다로 나갈 때 부르던 민요이다. 특별한 기록 없이 구전되는 민요 특성상 부르는 사람과 지역마다 사설 내용이 조금씩 다르다.

**바당** : '바다'의 방언.

**가멸진** : 재산이나 자원 따위가 넉넉하고 많다.

**천축** : 인도

**서역** : 중국의 서쪽에 있던 여러나라

**수라의 바당** : 『불교』 팔부중의 하나. 싸우기를 좋아하는 귀신으로, 항상 제석천과 싸움을 벌인다.

**우화등선** : 사람의 몸에 날개가 돋아 하늘로 올라가 신선이 됨.


[낭송의 실제]

## 이어도 사나, 이어도 사나* / 윤금초,

- 이:어도 사:나, 이:어도 사:나* / 시조 윤금초. 낭:송 ○○○.


긴긴 세월 동안 섬은 늘 거기 있어 왔다. 그러나 섬을 본 사람은 아무도 없었다. 섬을 본 사람은 모두 섬으로 가 버렸기 때문이었다.

- 긴:긴 세:월 동안 서:은 늘 거기 이써 왇따. 그러나 서:을 본 사:라믄 아:무도 업:썯따. 서:을 본 사:라믄 모두 서:므로 가 버

렫끼 때무니얻따.

  아무도 다시 섬을 떠나 돌아온 사람은 없었기 때문이었다.

  – 아:무도 다시 서:믈 떠나 도라온 사:라믄 업:썯끼 때무니얻따.

  – 이청준 소설 '이어도'에서

  – 이청준 소:설 '이:어도'에서


  지느러미 나풀거리는, 기력 풋풋한 아침 바당**

  – 지느러미 나풀거리는, 기력 *풋푸탄* 아침 바당★★

  고기비늘 황금 알갱이 노역의 등짐 부려놓고

  – 고기비늘 황금 알갱이 노여긔(게) 등찜 부려노코

  이어도, 이어도 사나. 이어도 사나, 이어 이어…

  – 이:어도, 이:어도 사:나. 이:어도 사:나, 이어 이어…


  퉁방울눈 돌하루방 눈빛 저리 삼삼하고

  – 퉁방울룬 돌:하루방 눈삗 저리 삼삼하고

  꽃멀미 질퍽한 그곳, 가멸진 유채꽃 한나절.

  – 꼰멀미 질퍼칸 그곧, 가:멸진 유채꼳 한나절.


  바람 불면 바람소리 속에, 바당 울면 바당 울음 속에

  – 바람 불:면 바람쏘리 소:게, 바당 울:면 바당 우름 소:게

  웅웅웅 신음 같은, 한숨 같은 노랫가락 이어도 사나 이어도 사나

  – 웅웅웅 시늠 가튼, 한숨 가튼 노래(랟)까락 이:어도 사:나 이:

어도 사:나

아련히 바닷바람에 실려 오고 실려 가고.

  – 아련히 바다(닫)빠라메 실려 오고 실려 가고.


다금바리 오분재기

  – 다금바리 오분재기

이어도 사나, 이어도 사나

  – 이:어도 사:나, 이:어도 사:나

상한 그물 손질하며

  – 상한 그물 손질하며

급한 물길 물질하며

  – 그판 물낄 물질하며

산호초 꽃덤불 넘어,

  – 산호초 꼳떰불 너머,

캄캄한 침묵 수렁을 넘어.

  – 캄캄한 침묵 수렁을 너머,


자갈밭 그물코 새로 그 옛날 바닷바람 쏴쏴 지나가네.

  – 자갈받 그물코 새:로 그 옌:날 바다(닫)빠람 쏴쏴 지나가네.

천리 남쪽 바당 밖에 꿈처럼 생시처럼 허옇게 솟은 피안의 섬, 제주 어부 노래로 노래로 굴려온 세월 전설의 섬, 가본 사람 아무도 없이 눈에 밟히는 수수께끼 섬, 고된 이승 접고 나면 저승 복락 누리는 섬, 한번 보면 이내 가서 오지 않는, 영영 다시 오지 않는 섬이어라.

　- 철리 남쪽 바당 바께 꿈처럼 생시처럼 *허:여케* 소슨 피:아늬(네) 섬:, 제:주 어부 노래로 노래로 굴:려온 세:월 전설의 섬:, 가본 사:람 아:무도 업:씨 누네 발피는 수수께끼 섬:, 고된 이승 접꼬 나면 저승 봉낙 누리는 섬:, 한번 보면 이내 가서 오지 안는, 영:영 다시 오지 안는 서:미어라.

　이어도, 이어도 사나. 이어도 사나, 이어 이어…

　- 이:어도, 이:어도 사:나. 이:어도 사:나, 이어 이어…


　밀물 들면 수면 아래 뉘엿이 가라앉고

　- 밀물 들면 수면 아래 뉘여시 가라안꼬

　썰물 때면 건듯 솟아 푸른 허우대 드러내는

　- 썰물 때면 건듣 소사 푸른 허우대 드러내는

　방어빛 파도 헤치며 두둥실 뜨는 섬이어라.

　- 방어삗 파도 헤치며 두둥실 뜨는 서:미어라.


　마른 낙엽 몰고 가는 마파람 쌀쌀한 그해 겨울

　- 마른 나겹 몰:고 가는 마파람 쌀쌀한 그해 겨울

　모슬포 바위 벼랑 울타리 없는 서역 천축 머나 먼 길 아기작 걸음 비비닥질 수라의 바당 헤쳐 갈 때 물 이랑 뒤척이며 꿈결에 떠오른 이어도 이어도, 수평선 훌쩍 건너 우화등선 넘어가 버리고

　- 모슬포 바위 벼랑 울타리 엄:는 서역 천축 머:나 먼: 길 아기

작 거름 비비닥찔 수라의 바당 헤쳐 갈 때 물 이랑 뒤처기며 꿈껴레 떠오른 이:어도 이:어도, 수평선 훌쩍 건:너 우:화등선 너머가 버리고

섬 억새 굽은 산등성이 하얗게 물들였네.

– 섬: 억:쌔 구븐 산뜽성이 하:야케 물드련네.

# 6 김영주의 「뉘엿뉘엿」

## 뉘엿뉘엿 / 김영주

머리 하얀 할머니와 머리 하얀 아들이
앙상하게 마른 손을 놓칠까
꼬옥 잡고
소풍 온 아이들처럼 전동차에 오릅니다

머리 하얀 할머니 경로석에 앉더니
머리 하얀 아들 손을 살포시 당기면서
옆자리 비어 있다고
여 앉아앉아
합니다

함께 늙어가는 건 부부만이 아닌 듯
잇몸뿐인 어머니도
눈 어두운 아들도

오래된 길동무처럼

뉘엿

뉘엿

갑니다


- 『도전 시조 암송 100편』 알토란북스 2015년 8월 7일. 48쪽.

  (현대시조 100인선 '뉘엿뉘엿' 고요아침. 2016년 8월 27일 재수록)


## [원본 또는 정본 확인 과정]

- 나래시조에서 개최한 '시조 100편 암송대회'의 지정시다. 이후 고요아침에 재수록 되었으나 행의 배열이 조금 다르다. 행의 배열이 달라도 시조의 율격에 맞추어 낭송하기 때문에 암송대회의 원문을 택했다.


## [참고본 또는 이본]


### 뉘엿뉘엿 / 김영주


머리 하얀 할머니와

머리 하얀 아들이

앙상하게 마른 손을 놓칠까 꼬옥 잡고

소풍 온 아이들처럼 전동차에 오릅니다

〉

머리 하얀 할머니 경로석에 앉더니

머리 하얀 아들 손을 살포시 당기면서

옆자리 비어 있다고

"여 앉아앉아"

합니다


함께 늙어가는 건 부부만이 아닌 듯

잇몸뿐인 어머니도

눈 어두운 아들도

오래된 길동무처럼

뉘엿

뉘엿

갑니다


– 현대시조 100인선『뉘엿뉘엿』고요아침. 2016년 8월 27일.


## [시인소개]

김영주 시인

**출생** : 1959년. 경기 수원 출생.

**데뷔** : 2009년《유심》등단. 시집『미안하다. 달』『오리야 날아라』출간.

**수상** : 경기문화재단, 서울문화재단 창작지원금을 받았다.

## [시조의 이해]

이 시조는 배열방법이 다양하다. 장배열도 있고 구배열도 있고 음보 배열도 있다. 즉 혼합배열을 통하여 시각적인 효과와 리듬을 잘 조절하였다.

함께 늙어가는 모자의 모습에서 우리 삶의 한 단면을 보게 된다. 전동차에 오르는 어머니와 아들을 보며 그저 따뜻한 미소를 보내고 싶다.

## [발음법 공부]

뉘엿뉘엿 : [뉘연뉘엳].

제18항 받침 "ㄱ(ㄲ, ㅋ, ㄳ, ㄹ), ㄷ(ㅅ, ㅆ, ㅈ, ㅊ, ㅌ, ㅎ), ㅂ(ㅍ, ㄼ, ㄿ, ㅄ)" 은 "ㄴ, ㅁ" 앞에서 [ㅇ, ㄴ, ㅁ]으로 발음한다.

[붙임] 두 단어를 이어서 한 마디로 발음하는 경우에도 이와 같다.

잡고/잡꼬.

제23항 받침 "ㄱ(ㄲ, ㅋ, ㄳ, ㄹ), ㄷ(ㅅ, ㅆ, ㅈ, ㅊ, ㅌ), ㅂ(ㅍ, ㄼ, ㄿ, ㅄ)" 뒤에 연결되는 "ㄱ, ㄷ, ㅂ, ㅅ, ㅈ"은 된소리로 발음한다.

비어 →비어.

어원 '비: 다'는 장음이지만 활용형 '비어'는 단음으로 발음된다.

## [장·단음 연구]

〈장음〉

하:얀, 전: 동차에, 경:로석에,

## [된소리, 거센소리, 예사소리]

⟨된소리되기=경음화⟩

잡고-잡꼬, 앉더니-안떠니, 옆자리-엽짜리, 있다고-읻따고, 길동무처럼-길똥무처럼.

⟨거센소리되기-격음화⟩

'거센소리되기'가 없다.

## [조사 '의'의 발음]

이 시조에는 조사 '의'가 없다.

## [띄어읽기와 끊어읽기]

초장, 중장은 대체적으로 구를 기준으로 띄어읽기를 하지만 종장의 경우는 첫음보를 띄어읽기하는 경우가 있다. 시조의 문장을 잘 파악하여 선택하기 바란다.

⟨종장의 처리⟩ -권유.

'소풍 온 아이들처럼/ 전동차에/ 오릅니다'

'옆자리 비어 있다고/

여 앉아앉아/

합니다'

'오래된 길동무처럼/

뉘엿/

뉘엿/

갑니다'

## [중요 낱말 및 시어 시구 풀이]

**뉘엿뉘엿** : 해가 곧 지려고 산이나 지평선 너머로 조금씩 차츰 넘어가
는 모양.

## [낭송의 실제]

## 뉘엿뉘엿 / 김영주

– 뉘연뉘연 / 시조 김영주. 낭 : 송 ○○○.

머리 하얀 할머니와 머리 하얀 아들이
– 머리 하 : 얀 할머니와 머리 하 : 얀 아드리
앙상하게 마른 손을 놓칠까
– 앙상하게 마른 소늘 노칠까
꼬옥 잡고
– 꼬옥 잡꼬
소풍 온 아이들처럼 전동차에 오릅니다
– 소풍 온 아이들처럼 전 : 동차에 오릅니다

머리 하얀 할머니 경로석에 앉더니
- 머리 하:얀 할머니 경:노서게 안떠니
머리 하얀 아들 손을 살포시 당기면서
- 머리 하:얀 아들 소늘 살포시 당기면서
옆자리 비어 있다고
- 엽짜리 비어 읻따고
여 앉아앉아
- 여 안자안자
합니다
- 함니다


함께 늙어가는 건 부부만이 아닌 듯
- 함께 늘거가는 건 부부마니 아닌 듣
잇몸뿐인 어머니도
- 인몸뿌닌 어머니도
눈 어두운 아들도
- 눈 어두운 아들도
오래된 길동무처럼
- 오래된 길똥무처럼
뉘엿
- 뉘엳
뉘엿

\- 뉘옅

갑니다

\- 감니다

# 7 김인숙의 「뉘가 된 사내」

## 뉘가 된 사내 / 김인숙

거대한 공룡 빌딩에 우아하게 앉은 은행
남루를 걸친 사내가 절뚝이며 들어선다
하얀 쌀 그 속에 섞인 뉘 같은 사내가

너덜한 주머니에서 위인들이 걸어나온다
까만 비닐에 은전과 뒤섞인 위인들
코 막고 힐끔거리며 지켜보는 하얀 쌀들

맞다, 그 사람이다 터미널에서 손 벌리던
지구별에서 궤도 이탈한 떠돌이별 소행성
노숙자 겉껍질 벗고 지구별로 안착하길

- 『도전 시조 암송 100편』 알토란북스. 2015년 8월 7일. 52쪽.

## [원본 또는 정본 확인 과정]

-『도전 시조 암송 100편』알라딘북스. 2015년 8월 7일. 52쪽.

## [시인소개]

김인숙 시인

**출생** : 1951년 전북 진안 출생.

**데뷔** : 《시조문학》 등단.

**저서** : 시조집『멀어지는 연습을 위하여』외 다수 출간.

**수상** : 나래시조문학상 등을 수상했다.

## [시의 이해]

　자본시장의 상징인 은행에 근무하는 화이트칼라 사이에 등장한 '뇌'와 같은 사내, 그러나 웅장한 또는 거대한 은행도 그런 '뇌' 같은 사내들의 자본이 함께 하기에 가능하다. 화자는 화이트칼라 사이에 등장하여 '뇌'처럼 보이는 사내의 안정을 기원하고 있다.

## [발음법 공부]

공룡/공뇽. 남루를/남누를

제19항 받침 "ㅁ, ㅇ" 뒤에 연결되는 "ㄹ"은 [ㄴ]으로 발음한다.

[붙임] 받침 "ㄱ, ㅂ" 뒤에 연결되는 "ㄹ"도 [ㄴ]으로 발음한다.

앉은/안즌.

제14항 겹받침이 모음으로 시작된 조사나 어미, 접미사와 결합되는 경

우에는 뒤에 있는 것만을 뒤 음절 첫소리로 옮겨 발음한다(이 경우, "ㅅ"
은 된소리로 발음함).

## [장·단음 연구]

〈장음〉

거:대한, 공:룡, 남:루를, 걸:친, 하:얀, 속:에, 까:만, 사:람이다, 벌:리던, 궤
:도, 이:탈한, 소:행성.

## [된소리, 거센소리, 예사소리]

〈된소리되기=경음화〉

막고-막꼬, 맞다-맏따, 노숙자-노숙짜, 겉껍질-겉껍찔, 벗고-벋꼬.

〈거센소리되기-격음화〉

안착하길-안차카길.

## [조사 '의'의 발음]

이 시조에는 조사 '의'가 없다.

## [띄어읽기와 끊어읽기]

초장, 중장은 대체적으로 구를 기준으로 띄어읽기를 하지만 종장의
경우는 첫음보를 띄어읽기하는 경우가 있다. 시조의 문장을 잘 파악하
여 선택하기 바란다.

〈종장의 처리〉 -권유.

'하얀 쌀/ 그 속에 섞인/ 뉘 같은 사내가'

'코 막고 힐끔거리며/ 지켜보는/ 하얀 쌀들'

'노숙자 겉껍질 벗고 /지구별로/ 안착하길'

## [중요 낱말 및 시어 시구 풀이]

뉘 : 쓿은쌀 속에 등겨가 벗겨지지 않은 채로 섞인 벼 알갱이.

쓿다 : 거친 쌀, 조, 수수 따위의 곡식을 쩧어 속꺼풀을 벗기고 깨끗하

게 하다.

## [낭송의 실제]

### 뉘가 된 사내 / 김인숙

‒ 뉘가 된 사내 / 시조 김인숙. 낭:송 ○○○.

거대한 공룡 빌딩에 우아하게 앉은 은행

‒ 거:대한 공:뇽 빌딩에 우아하게 안즌 은행

남루를 걸친 사내가 절뚝이며 들어선다

‒ 남:누를 걸:친 사내가 절뚜기며 드러선다

하얀 쌀 그 속에 섞인 뉘 같은 사내가

‒ 하:얀 쌀 그 소:게 서낀 뉘 가튼 사내가

〉

85

너덜한 주머니에서 위인들이 걸어나온다

 - 너덜한 주머니에서 위인드리 거러나온다

까만 비닐에 은전과 뒤섞인 위인들

 - 까:만 비니레 은전과 뒤서낀 위인들

코 막고 힐끔거리며 지켜보는 하얀 쌀들

 - 코 막꼬 힐끔거리며 지켜보는 하:얀 쌀들


맞다, 그 사람이다 터미널에서 손 벌리던

 - 맏따, 그 사:라미다 터미너레서 손 벌:리던

지구별에서 궤도 이탈한 떠돌이별 소행성

 - 지구벼레서 궤:도 이:탈한 떠도리별 소:행성

노숙자 겉껍질 벗고 지구별로 안착하길

 - 노숙짜 걷껍찔 벋꼬 지구별로 *안차카길*

# 8 김도솔의「뿌리 깊은 잔상殘像」

## 뿌리 깊은 잔상殘像 / 김도솔

먼 길 출타했다 돌아오는 길이면

정류장 근처 딸네 집을

바람처럼 들러서

무심히

냉수 한 사발

목마르다 청하신다

단칸방 낮은 문턱 발 들이지 않으시고

손주 손에 쥐여주는 손때묻은 동전 몇 닢

지그시

내려다보시며

머리 한번 쓰다듬고

정류장을 향하여 바쁜 걸음 재촉하는

여백 속에 오롯한 아버지의 뒷모습

두고 간

마음 큰 자락이

가슴에 박힌 깊은 잔상

- 계간 시조전문지 《나래시조》 2023년 여름호, 5인 초대석. 74쪽.

## [원본 또는 정본 확인과정]

- 계간 시조전문지 《나래시조》 2023년 여름호에서 발췌하였다.

## [참고본 또는 이본]

참고본과 이본이 없다.

## [시인소개]

김도솔 시인

**출생** : 경북 문경 출생.

**데뷔** : 2022년 《나래시조》 신인문학상.

**경력** : 좋은시바르게낭송하기운동본부 부본부장, 작가사상문인회장,
　　　　문경시낭송협회장,

**수상** : 조지훈시낭송퍼포먼스대회 대상.

## [시의 이해]

예나 지금이나 딸자식에 대한 아버지의 사랑은 겉으로 드러내기 쉬운 일이 아니다. 출가외인이라는 미명 아래 죽어도 시집 귀신이 되라는 말로 교육시켜 왔다.

무심한 척 지나다 들른 것처럼 안부를 묻고 가는 아버지의 뒷모습은 '쓸쓸하다'고 표현해야 옳을까? 그보다는 '휴~ ' 하는 안도의 발걸음이라고 믿고 싶다.

## [장·단음 연구]

〈장음〉

먼:, 근:처, 냉:수, 향:하여, 속:에, 뒷:모습.

## [된소리, 거센소리, 예사소리]

〈된소리되기=경음화〉

출타했다-출타핻따, 단칸방-단칸빵, 쓰다듬고-쓰다듬꼬.

〈거센소리되기-격음화〉

재촉하는-재초카는, 오롯한-오로탄, 박힌-바킨.

## [조사 '의'의 발음]

이 시조에는 아래와 같이 조사 '의'가 등장한다. 소유격 조사 '의'의 발음이 힘든 낭송가는 처소격 조사 '에'로 발음을 할 수 밖에 없겠으나 시 낭송가에게 소유격 조사 '의'의 발음은 필수적으로 필요한 발음이다. 발

음 '의'가 원칙이고 '에'는 허용일 뿐임을 명심하자.


'여백 속에 오롯한 아버지의 뒷모습'

## [띄어읽기와 끊어읽기]

초장, 중장은 대체적으로 구를 기준으로 띄어읽기를 하지만 종장의 경우는 첫음보를 띄어읽기하는 경우가 있다. 시조의 문장을 잘 파악하여 선택하기 바란다.
〈종장의 처리〉-권유.


'무심히
냉수 한 사발
목마르다 청하신다'


'지그시
내려다보시며
머리 한번 쓰다듬고'


'두고 간
마음 큰 자락이
가슴에 박힌 깊은 잔상 '

시인이 음보와 구배열로 시행을 정하여 놓았다. 표기대로 따라 낭송하면 된다.

## [인터넷상의 오류들]

인터넷상에 발표된 원문에는 이상이 없고 발표된 낭송은 없다.

## [중요 낱말 및 시어 시구 풀이]

잔상2(殘像) : 「명사」『의학』외부 자극이 사라진 뒤에도 감각 경험이 지속되어 나타나는 상. 촛불을 한참 바라본 뒤에 눈을 감아도 그 촛불의 상이 나타나는 현상 따위이다.

## [낭송의 실제]

### 뿌리 깊은 잔상殘像 / 김도솔

– 뿌리 기픈 잔상殘像 / 시조 김도솔. 낭:송 ○○○.

먼 길 출타했다 돌아오는 길이면
– 먼:길 출타핻따 도라오는 기리면
정류장 근처 딸네 집을
– 정뉴장 근:처 딸네 지블
바람처럼 들러서

- 바람처럼 들러서

무심히

　- 무심히

냉수 한 사발

　- 냉:수 한 사발

목마르다 청하신다

　- 몽마르다 청하신다


단칸방 낮은 문턱 발 들이지 않으시고

　- 단칸빵 나즌 문턱 발 드리지 아느시고

손주 손에 쥐여주는 손때묻은 동전 몇 닢

　- 손주 소네 쥐여주는 손때무든 동전 멷 닙(면닙)

지그시

　- 지그시

내려다보시며

　- 내려다보시며

머리 한번 쓰다듬고

　- 머리 한번 쓰다듬꼬


정류장을 향하여 바쁜 걸음 재촉하는

　- 정뉴장을 향:하여 바쁜 거름 *재초카*는

여백 속에 오롯한 아버지의 뒷모습

- 여백 소 : 게 *오로탄* 아버지의(에) 된 : 모습

두고 간

- 두고 간

마음 큰 자락이

- 마음 큰 자라기

가슴에 박힌 깊은 잔상

- 가스메 *바킨* 기픈 잔상

# 9 민병찬의 「딸을 보내고」

## 딸을 보내고 / 민병찬

그 날은 너 보내고 그냥 덤덤 하다못해
눈물이 아니 나서 정 모자란 탓만 했다
천천히 슬픔이 올 줄을 내가 미처 모르고서

조석으로 마주하며 어린양만 여기다가
지아비, 시부모랑 남의 권솔 되어가니
내 언제 나목이 된 양 팔이 이리 허전하냐

내게선 남은 날이 너에게는 오는 날이
언젠가는 엇갈리게 작정된 길이거니
아직은 이별이라 말고 연습이라 해 두자

잘 살아란 한 마디는 가슴에 묻어 두고
꽃다운 네 젊음을 굳게 믿고 생략했다

더러는 바람 센 날도 있는 줄을 알거라

-『도전 시조 암송 100편』알라딘북스. 2015년 8월 7일. 68쪽.


## [원본 또는 정본 확인 과정]

-『도전 시조 암송 100편』알토란북스. 2015년 8월 7일. 68쪽.


## [참고본 또는 이본]

## 딸을 보내고 1 / 민병찬

면사포 너울 씌워 손잡아 보낸 날은
황만한 절차 속에 경황조차 없더니만
너 없는 빈방에 서니 눈이 점점 부예진다.

집 떠나 가는 마음 낯이 설고 울적해도
선택한 사람이랑 차차 익숙 하리라만
너 있던 스물 다섯해 그 빈자린 어찌하랴.

여행길 돌아와서 큰절하는 늬들에게

애틋한 당부 한 마디 차마 하지 못했구나
사는 일 바람결 같으니 아껴아껴 살란 말.


1993. 11. 19. 75쪽.


## 딸을 보내고 2 / 민병찬

그 날은 너 보내고 그냥 덤덤 하다못해
눈물이 아니 나서 情 모자란 탓만 했다.
천천히 슬픔이 올 줄을 내가 미처 모르고서.


조석으로 마주하며 어린 양만 여기다가
지아비, 시부모랑 남의 권솔 되어가니
내 언제 나목(裸木)이 된양 팔이 이리 허전하냐.


내게선 남은 날이 너에게는 오는 날이
언젠가는 엇갈리게 작정(作定)된 길이거니
아직은 이별이라 말고 연습이라 해 두자.


잘 살아란 한 마디는 가슴에 묻어 두고
꽃다운 네 젊음을 굳게 믿고 생략했다.

더러는 바람 센 날도 있는 줄을 알거라.

- 출처 : 민병찬 시조집. 『가을비 그 뒤』 가람出版社. 1996년 5월 10일. 76쪽.


## [참고본 또는 이본]

## 딸을 보내고 / 민병찬

그날은 너 보내고 그냥 덤덤하다 못해
눈물이 아니 나서 정 모자란 탓을 했다
천천히 슬픔이 올 줄은 미쳐 알지 못하고서

조석에 마주하며 어린양만 여기다가
지아비 시부모랑 남의 권솔 되어 가니
내 언제 나목이 된 듯 팔이 이리 허전하냐

내게선 남은 날이, 네게선 오는 날이
언젠가는 엇갈리게 작정이 된 일이거니
아직은 이별이라 말고 연습이라 해두자

잘 살아란 한 마디는 가슴에 묻어 두고

꽃다운 네 젊음을 굳게 믿고 생략했다.

더러는 바람 센 날도 있는 줄만 알거라


- 도전 시조 암송 50편 중에서.


## [시인소개]

민병찬 시인

출생 : 1942년 경북 문경 출생.

데뷔 : 1986년《시조문학》등단.

저서 : 시집『사모곡』『가을비 그뒤』『산 좋고 물빛 고와서』

　　　　『백자리의 푸른 일기』등.

수상 : 나래시조문학상 등을 수상했다.


## [시조의 이해]

　시조 전체가 장배열로 된 연시조이다. 딸을 시집보낸 아버지의 마음
이 오롯이 나열돼 있다. 자식을 시집장가보낸 부모의 마음을 나타낸 보
기 드문 명작이다.


## [발음연구]

남은→나믄.

어원 '남:다'는 장음이지만 활용형 '남은'은 단음으로 발음된다.

살아란→사라란.

어원 '살:다'는 장음이지만, 활용형 '살아'는 단음으로 발음된다.


## [장·단음 연구]

〈장음〉

모:자란, 했:다, 천:천히, 모:르고서, 권:솔, 언:제, 나:목이, 언:젠가는, 이:별이라, 말:고, 연:습이라, 해:, 센:, 알:거라.


## [된소리, 거센소리, 예사소리]

〈된소리되기=경음화〉

했다-핻:따, 엇갈리게-얻깔리게, 작정된-작쩡된, 꽃다운-꼳따운, 굳게-굳께, 믿고-믿꼬, 생략했다-생냐캗따.

〈거센소리되기-격음화〉

하다못해-하다모태, 생략했다-생냐캗따.


## [조사 '의'의 발음]

이 시조에는 아래와 같이 조사 '의'가 등장한다. 소유격 조사 '의'의 발음이 힘든 낭송가는 처소격 조사 '에'로 발음을 할 수 밖에 없겠으나 시낭송가에게 소유격 조사 '의'의 발음은 필수적으로 필요한 발음이다. 발음 '의'가 원칙이고 '에'는 허용일 뿐임을 명심하자.

'지아비, 시부모랑 남의 권솔 되어가니'

## [띄어읽기, 끊어읽기]

'내 언제 나목이 된 양 팔이 이리 허전하냐'

2수의 종장이다. 인터넷 등에 올려진 잘못된 띄어쓰기는 '내 언제 나목이 된 양팔이 이리 허전하냐'이다

1) '내 언제 나목이 된 양 / 팔이 이리 허전하냐'

2) '내 언제 나목이 된 / 양 팔이 이리 허전하냐'

두 문장을 잘 구분해 보고 1)의 보기처럼 띄어읽어야 한다.

## [띄어읽기와 끊어읽기]

초장, 중장은 대체적으로 구를 기준으로 띄어읽기를 하지만 종장의 경우는 첫음보를 띄어읽기하는 경우가 있다. 시조의 문장을 잘 파악하여 선택하기 바란다.

〈종장의 처리〉 - 권유.


'천천히/ 슬픔이 올 줄을/ 내가 미처/ 모르고서'

'내 언제/ 나목이 된 양/ 팔이 이리/ 허전하냐'

'아직은/ 이별이라 말고/ 연습이라/ 해 두자'

'더러는/ 바람 센 날도/ 있는 줄을/ 알거라'


## [중요 낱말 및 시어 시구 풀이]

양 : 어떤 모양을 하고 있거나 어떤 행동을 짐짓 취함을 나타내는 말.

더러는 바람 센 날도 있는 줄을 알거라 – 시집살이의 어려움.

## 딸을 보내고 / 민병찬
– 따를 보내고 / 시조 민병찬. 낭 : 송 ○○○.


그 날은 너 보내고 그냥 덤덤 하다못해
– 그 나른 너 보내고 그냥 덤덤 *하다모태*
눈물이 아니 나서 정 모자란 탓만 했다
– 눈무리 아니 나서 정 모 : 자란 탄만 핻 : 따
천천히 슬픔이 올 줄을 내가 미처 모르고서
– 천 : 천히 슬프미 올 주를(올쭈를) 내가 미처 모 : 르고서


조석으로 마주하며 어린양만 여기다가
– 조서그로 마주하며 어린냥만 여기다가
지아비, 시부모랑 남의 권솔 되어가니
– 지아비, 시부모랑 나믜(메) 권 : 솔 되어가니
내 언제 나목이 된 양 팔이 이리 허전하냐
– 내 언 : 제 나 : 모기 된 양 파리 이리 허전하냐


내게선 남은 날이 너에게는 오는 날이
– 내게선 나믄 나리 너에게는 오는 나리
언젠가는 엇갈리게 작정된 길이거니

- 언:젠가는 얻깔리게 작쩡된 기리거니
아직은 이별이라 말고 연습이라 해 두자
- 아지근 이:벼리라 말:고 연:스비라 해:  두자

잘 살아란 한 마디는 가슴에 묻어 두고
- 잘 사라란 한 마디는 가스메 무더 두고
꽃다운 네 젊음을 굳게 믿고 생략했다
- 꼳따운 네 절므을 굳께 믿꼬 *생냐캔따*
더러는 바람 센 날도 있는 줄을 알거라
- 더러는 바람 센:  날도 인는 주를 알:거라

# 10 정완영의 「고향 생각」

## 고향 생각 / 정완영

쓰르라미 매운 울음이 다 흘러간 극락산 위
내 고향 하늘빛은 열무김치 서러운 맛
지금도 등 뒤에 걸려 사윌 줄을 모르네.

동구 밖 키 큰 장승 십리 벌을 다스리고
풀 수풀 깊은 골에 시절 잊은 물레방아
추풍령 드리운 낙조에 한 폭 그림이던 곳.

소년은 풀빛을 끌고 세월 속을 갔건마는
버들피리 언덕 위에 두고 온 마음 하나
올해도 차마 못 잊어 봄을 울고 갔더란다.

오솔길 갑사댕기 서러워도 달은 뜨네
꽃가마 울고 넘은 서낭당 제 철이면

생각다 생각다 못해 물이 들던 도라지꽃.

가난도 길이 들면 양처럼 어질더라
어머님 곱게 나순 물레 줄에 피가 감겨
청산 속 감감히 묻혀 등불처럼 가신 사랑.

뿌리고 거두어도 가시잖는 억만 시름
고래 등 같은 집도 다락같은 소도 없이
아버님 탄식을 위해 먼 들녘은 비었어라.

빙그르 돌고 보면 인생은 회전목마
한목청 뻐꾸기에 고개 돌린 외 사슴아
내 죽어 내 묻힐 땅이 구름밖에 저문다.

- 정완영 시조전집 『노래는 아직 남아』, 도서출판 土房, 2006. 6. 15, 58~59쪽.

## [원본 또는 정본 확인 과정]

1969년 발표한 시집 『採春譜』에서 2005년 『내 손녀 然灯에게』까지 전 시집의 작품을 수록한 『정완영 시조전집』에서 발췌하였다.

## [시인소개]

60년대를 대표하는 시조시인으로, 투철한 자연관조와 전통적 서정세계를 바탕으로 한 작품들을 《현대문학》, 《시인》 등의 문예지를 통해 잇달아 발표해 한국 현대시조의 중흥기를 여는 데 크게 이바지했다.

**출생-사망** : 1919.11.11 ~ 2016.8.27.

**호** : 백수(白水)

**활동분야** : 문학(시조)

**출생지** : 경북 김천

**수상** : 한국문학상(1974), 가람시조문학상(1979), 만해시문학상(1999)

**저서** : 『해바라기』(1960) 『채춘보』(1969) 『묵로도』(1972) 『실일의 명』(1974) 『연과 바람』(1984) 『시조산책』(1985) 『난보다 푸른 돌』(1990 『오동잎 그늘에 서서』(1994) 『엄마 목소리』(1998) 『이승의 등불』(2001) 등.

## [시조의 이해]

시인의 고향은 추풍령이 소속된 김천이다. 작품을 창작할 때는 이야기의 시점을 과거를 현재로 재현하여 쓰는 경우가 많다. 화자는 유년으로 돌아가 고향을 노래한다. '쓰르라미 매운 울음'이라던가, '열무김치 서러운 맛'이라는 표현은 '감각의 전이'로써 '청각을 미각화'하거나 '시각을 미각화'한 고도의 시적 기법을 사용하였다. '가난도 길이 들면 양처럼 어질더라'와 같은 표현은 정완영 시인이 아니고는 나올 수 없는 표현으로 이 작품은 그 누구도 흉내 낼 수 없는 수작 중의 수작이다.

 * 소년은[소:녀는], 소녀는[소:녀는]

표기는 다르나 발음은 같게 나니 주의해서 발음해야 한다.


 * 못 잊어 → [모:디저] [몬:니저]

〈 '못 잊어 / 못 잊을'의 발음 문의에 대한 국립국어원의 답변〉

구의 발음은 표준 발음이 정해진 바 없어 정확한 표준 발음을 안내해 드
리기 어렵습니다. '못 잊어', '못 잊을'을 이어 발음한다면 [모: 디저], [모:
디즐]로 발음할 수 있겠고, 한 단어처럼 발음한다면 [몬: 니저], [몬: 니
즐]로 발음할 수 있겠습니다. '못'과 '잊어', '잊을'을 끊어 읽는다면 [몯: 이
저], [몯: 이즐]로 발음할 수도 있겠습니다.


 * 넘다[넘: 따]는 장음이지만 활용형 넘은[너믄]은 단음이다.
 * 감다[감: 따]는 장음이지만 피동사 감겨[감겨]는 단음이다.
 * 비다[비: 다]는 장음이지만 활용형 비어[비어]는 단음이다.


## [장·단음 연구]

〈장음〉

다:, 서:러운, 뒤:, 동:구, 골:에, 그:림이던, 소:년은, 끌:고, 세:월, 못: 잊
어, 울:고, 서:러워도, 못:해, 곱:게, 없:이, 탄:식을, 먼:, 들:녘은, 돌:고.

〈단음〉

넘은, 감겨, 비어써라.

## [된소리, 거센소리, 예사소리]

〈된소리되기=경음화〉

극락산-**긍낙싼**, 하늘빛은-**하늘삐츤**, 사월 줄을-**사월 쭈를**, 낙조-**낙쪼**, 풀빛을-**풀삐츨**, 갔건마는-**갇껀마는**, 갔더란다-**갇떠란다**, 오솔길-**오솔낄**, 갑사댕기-**갑싸댕기**, 꽃가마-**꼳까마**, 생각다-**생각따**, 곱게-**곱:께**, 등불처럼-**등뿔처럼**, 집도-**집또**, 없이-**업:씨**.

〈거센소리되기-격음화〉

못해-**모:태**, 묻혀-**무처**, 묻힐-**무칠**.

## [조사 '의'의 발음]

이 시조에는 조사 '의'가 없다.

## [띄어읽기와 끊어읽기]

초장, 중장은 대체적으로 구를 기준으로 띄어읽기를 하지만 종장의 경우는 첫음보를 띄어읽기하는 경우가 있다. 시조의 문장을 잘 파악하여 선택하기 바란다.

〈종장의 처리〉 -권유.


'지금도 등 뒤에 걸려/ 사월 줄을 모르네.'

'추풍령 드리운 낙조에/ 한 폭 그림이던 곳.'

'올해도/ 차마 못 잊어/ 봄을 울고/ 갔더란다.'

'생각다 생각다 못해/ 물이 들던/ 도라지꽃.'

'청산 속/ 감감히 묻혀/ 등불처럼 가신 사랑.'

'아버님 탄식을 위해/ 먼 들녘은/ 비었어라.'

'내 죽어/ 내 묻힐 땅이/ 구름밖에 저문다.'

## [중요 낱말 및 시어 시구 풀이]

＊ **극락산** : 김천시 봉산면 소재의 499m 높이의 산

＊ **나순 – 나수다** : 1. 내어서 드리다 2. '고치다'의 방언

'어머님 곱게 나순' – 문장 속의 의미로 보아 '고치다'의 뜻

＊**외 사슴** : 외로운 사슴, 홀로 있는 사슴. (외: 접사. (일부 명사 앞에 붙어) '혼자인' 또는 '하나인' 또는 '한쪽에 치우친'의 뜻을 더하는 접두사. (몇몇 부사 또는 동사 앞에 붙어)) '홀로'의 뜻을 더하는 접두사.

＊ **한목청** : 하나의 목소리

## [낭송의 실제]

## 고향 생각 / 정완영

– 고향 생각 / 시조 정완영. 낭 : 송 ○○○.


쓰르라미 매운 울음이 다 흘러간 극락산 위

– 쓰르라미 매운 우르미 다 : 흘러간 긍낙싼(19-붙임,18,28) 위

내 고향 하늘빛은 열무김치 서러운 맛

- 내 고향 하늘삐츤(28,13) 열무김치 서:러운 맏

지금도 등 뒤에 걸려 사윌 줄을 모르네.
- 지금도 등 뒤:에 걸려 사윌 주(쭈)를 모:르네.


동구 밖 키 큰 장승 십리 벌을 다스리고
- 동:구 박 키 큰 장승 심니(19-붙임,18) 버를 다스리고

풀 수풀 깊은 골에 시절 잊은 물레방아
- 풀 수풀 기픈 고:레 시절 이즌 물레방아

추풍령 드리운 낙조에 한 폭 그림이던 곳.
- 추풍녕(19) 드리운 낙쪼에 한 폭 그:리미던 곧.


소년은 풀빛을 끌고 세월 속을 갔건마는
- 소:녀는 풀삐츨(28,13) 끌:고 세:월 소:글 갇껀마는(23)

버들피리 언덕 위에 두고 온 마음 하나
- 버들피리 언덕 위에 두고 온 마음 하나

올해도 차마 못 잊어 봄을 울고 갔더란다.
- 올해도 차마 모:디저(15,13)(몬:니저(29,18-붙임)) 보를 울:고
갇떠란다.


오솔길 갑사댕기 서러워도 달은 뜨네
- 오솔낄 갑싸댕기(23) 서:러워도 다른 뜨네

꽃가마 울고 넘은 서낭당 제 철이면

- 꼳까마 울:고 너은 서낭당 제 처리면
생각다 생각다 못해 물이 들던 도라지꽃.
- 생각따 생각따 모:태(12-1-붙임2) 무리 들던 도라지꽃.


가난도 길이 들면 양처럼 어질더라
- 가난도 기리 들면 양처럼 어질더라
어머님 곱게 나순 물레 줄에 피가 감겨
- 어머님 곱:께 나순 물레 주레(물레쭈레) 피가 감겨
청산 속 감감히 묻혀 등불처럼 가신 사랑.
- 청산 속: 감감히 무처(12-1-붙임1, 5항 다만 1) 등뿔처럼(28)
가신 사랑.


뿌리고 거두어도 가시잖는 억만 시름
- 뿌리고 거두어도 가시잔는 엉만(18) 시름
고래 등 같은 집도 다락같은 소도 없이
- 고래 등 가튼 집또 다락가튼 소도 업:씨
아버님 탄식을 위해 먼 들녘은 비었어라.
- 아버님 탄:시글 위해 먼: 들:녀큰 비어써라.


빙그르 돌고 보면 인생은 회전목마
- 빙그르 돌:고 보면 인생은 회전몽마(18)
한목청 뻐꾸기에 고개 돌린 외 사슴아

– 한목청 뻐꾸기에 고개 돌린 외 사스마

내 죽어 내 묻힐 땅이 구름밖에 저문다.

– 내 주거 내 무칠 땅이 구름바께 저문다.

# 11 박희정의 「힘」

## 힘 / 박희정

산다는 건 어떤 불의에도 굴하지 않는 건지

산이 무너지고 터널이 지나가도

천성산 도롱뇽 부부 헤어지지 않았다

무성한 탁상공론 아랑곳하지 않은 채

수맥을 이어주는 무량한 저 생명들

에둘러 제 터를 찾아와 목숨 끈을 잇는다

짝을 짓는다는 건 천상의 기도같은 일

통설을 깨트려서 세상의 귀 열어놓고

대성늪 봄볕 가득한 유백의 알을 보라

- 시집 『들꽃사전』, 책만드는집, 2011. 08, 16쪽.


## [원본 또는 정본 확인 과정]

시집 『들꽃사전』에 수록된 작품을 시인에게 의뢰하여 원본을 확보했다.

## [시인소개]

박희정 시인

**출생** : 경북 문경.

**데뷔** : 2022년 《서울신문》 신춘문예 등단.

**경력** : 현 나래시조 시인협회장.

**수상** : 중앙시조대상 신인상 등.

**저서** : 시조집 『하얀 두절』 외. 시 에세이 『우리시대 시인을 찾아서』.

## [시조의 이해]

지율스님은 무려 100일 동안이나 도룡뇽을 살려달라며 천성산터널 개발을 반대해 왔다.

2004년 도룡뇽 보호를 이유로 지율스님이 단식까지 하면서 KTX 터널 공사의 중단을 요구했던 천성산, 우여곡절 끝에 2010년 11월 터널이 완공되어 고속열차가 질주하지만 천성산의 늪 풍경은 여느 때와 다름이 없다고 한다. 대성늪 물속에는 도룡뇽 알들이 조렁주렁 달려 있다고 한다. 곤충이나 양서류와 파충류는 진동에 아주 민감하지만 이것은 우리의 기우에 지나지 않았다. 대성늪에는 도룡뇽과 개구리와 나비도 여전히 짝을 지어 날고 있다고 하니 자연에 대한 인간의 무지와 아집이 비웃음을 당하고 있다.

## [발음연구]

* 「동사」 열다[열: 다는 장음이지만 활용형 열어[여러]는 단음이다.

## [장·단음 연구]

〈장음〉

산:다는, 무:성한, 에:둘러, 잇:는다, 짓:는다는, 세:상의.

〈단음〉

열어놓고.

## [된소리, 거센소리, 예사소리]

〈된소리되기=경음화〉

않았다-아낟따, 탁상공론-탁쌍공논, 목숨-목쑴, 봄볕-봄뻗.

〈거센소리되기-격음화〉

아랑곳하지-아랑고타지, 열어놓고-여러노코, 가득한-가드칸.

## [조사 '의'의 발음]

이 시조에는 아래와 같이 조사 '의'가 나온다. 소유격 '의'가 처소격 '에'가 되지 않도록 시의 원문을 충분히 이해하고 발음하기를 권한다.

특히 한 행에 '의'와 '에'가 연달아 나올 때는 꼭 구분하여 발음해야 한다.

또한 제목에 사용하는 소유격 조사 '의'는 꼭 '의'로 발음하여야 한다. 왜냐하면 제목에는 '종결어미'가 없기에 소유격과 처소격을 분명하게 제시해 주어야 하기 때문이다.

'천상의 기도같은 일'
'세상의 귀 열어놓고'
'유백의 알을 보라'

## [띄어읽기와 끊어읽기]

초장, 중장은 대체적으로 구를 기준으로 띄어읽기를 하지만 종장의 경우는 첫음보를 띄어읽기하는 경우가 있다. 시조의 문장을 잘 파악하여 선택하기 바란다.

〈종장의 처리〉 - 권유.

'천성산 도롱뇽 부부/ 헤어지지 않았다'
'에둘러/ 제 터를 찾아와/ 목숨 끈을 잇는다'
'대성늪/ 봄볕 가득한/ 유백의 알을 보라'

## [중요 낱말 및 시어 시구 풀이]

\* 통설 : 세상에 널리 알려지거나 일반적으로 인정되고 있는 설.

\* 유백 : 젖의 빛깔과 같이 불투명한 흰색.


## [낭송의 실제]

### 힘 / 박희정

– 힘 / 시조 박희정. 낭 : 송 ○○○.


산다는 건 어떤 불의에도 굴하지 않는 건지

– 산 : 다는 건 어떤 부릐(부리)에도 굴하지 안는(12-3-붙임) 건지


산이 무너지고 터널이 지나가도

– 사니 무너지고 터너리 지나가도


천성산 도롱뇽 부부 헤어지지 않았다

– 천성산 도롱뇽 부부 헤어지지 아낟따(23)


무성한 탁상공론 아랑곳하지 않은 채

– 무 : 성한 탁쌍공논(23,19) 아랑고타지(12-1-붙임2) 아는 채

〉

수맥을 이어주는 무량한 저 생명들

- 수매글 이어주는 무량한 저 생명들


에둘러 제 터를 찾아와 목숨 끈을 잇는다

- 에:둘러 제 터를 차자와 목쑴 끄늘 인:는다(9,18)


짝을 짓는다는 건 천상의 기도같은 일

- 짜글 진:는다는(18) 건 천상의(에) 기도가튼 일:


통설을 깨트려서 세상의 귀 열어놓고

- 통서를 깨트려서 세:상의(에) 귀 여러노코(13,12-1)


대성늪 봄볕 가득한 유백의 알을 보라

- 대성늡 봄뻗(28) 가드칸(12-1-붙임1) 유배긔(에) 아를 보라


* 천성산 : 해발 920m 높이의 명산으로 양산시 소주동, 평산동의 웅상 지역과 상북면, 하북면의 경계를 이루고 있다. 천성산은 예로부터 깊은 계곡과 폭포가 많고, 경치가 빼어나 소금강산이라 불렸으며 원효대사가 이곳에서 당나라에서 건너온 1천여 명의 스님에게 화엄경을 설법하여 모두 성인이 되게 하였다고 전해져 천성산이라 불렀다고 한다. 천성산 은 봄이면 진달래와 철쭉꽃이 장관을 이루고, 화엄늪과 밀밭늪은 희귀

한 꽃과 식물, 곤충들의 생태가 잘 보존되어 있어 세계적인 생태계의 보고이다. 천성산 산나물은 임금님의 수라상에 진상할 정도로 그 맛이 일품이며, 가을이면 긴 억새가 온 산을 뒤덮어 환상의 등산코스로 각광받고 있다. 천성산은 기존의 원효산과 천성산을 명칭 변경하여 천성산 제1봉과 제2봉으로 각각 부르게 되었고, 예전에는 원적산이라고도 불리었다. 천성산은 양산시 중앙부를 남북으로 뻗은 정족산 줄기의 지맥에 해당하는데, 이 산줄기를 따라 양산시가 동, 서로 나누어져 있으며, 회야강의 발원지이기도 하다. 천성산에는 원효암을 비롯하여 홍룡사·성불사·내원사 등이 있다. 특히 천성산의 정상은 한반도에서 동해의 일출을 가장 먼저 볼 수 있는 곳으로 이름이나 전국에서도 해돋이 광경을 보기 위해 많은 관광객이 찾고 있는 곳이기도 하다.

# 12 손증호의 「샘」

샘 / 손증호

선생님 줄인 말로 아이들은 샘이란다
남도 억양으로 쌤이라고도 하는데
버릇은 없어 보여도 샘이란 말 참 좋다

그렇지 선생님은 샘이라야 마땅하지
깊디깊은 산골짝에 샘물로 퐁퐁 솟아
어둠을 길닦이하며 흘러가는 푸른 노래

눈 비비고 찾아온 어린 짐승 목축이고
메마른 봄 들판을 푸릇푸릇 적시는
샘 같은 선생이라야 아이들 가슴 살아나지.

- 시조집 『달빛의자』, 고요아침, 2017. 10, 61쪽.

## [원본 또는 정본 확인 과정]

시조집 『달빛의자』에 수록된 작품을 시인에게 직접 제공받아 확보하였다.

## [시인소개]

손증호 시인

데뷔 : 2002년 《시조문학》 신인상.

수상 : 이호우시조문학상 신인상, 전영택문학상, 나래시조문학상

저서 : 시조집 『침 발라 쓰는 시』 『불쑥』.

　　　현대시조 100인선집 『달빛의자』 등.

## [시조의 이해와 감상]

　언어는 세월에 따라 환경과 필요에 따라 변한다. '선생님'을 '샘'이라고 줄여 부르게 된 시점은 정확하게 알 수 없지만 어느 지방에서 방언으로 사용되기 시작하여 전국으로 퍼졌을 가능성이 크다. 시인은 '물이 솟아나는 샘'과 '선생님의 준말'과 동음이의어를 언어유희로 시조를 창작하였다. 같은 글자가 가지고 있는 묘한 느낌을 아주 잘 살려낸 작품으로 보인다.

## [발음연구]

어원 살다[살: 다]는 장음이지만 활용형 살아[사라]는 단음이다.

## [장·단음 연구]

〈장음〉

말:, 없:어, 좋:다, 샘:이라야, 샘:물로, 들:판을, 샘:.

〈단음〉

살아나지.

## [된소리, 거센소리, 예사소리]

〈된소리되기=경음화〉

없어-업 : 써, 깊디깊은-깁띠기픈, 산골짝에-산꼴짜게, 적시는-적씨는.

〈거센소리되기-격음화〉

좋다-조 : 타, 그렇지-그러치.

## [조사 '의'의 발음]

이 시조에는 조사 '의'가 없다.

## [띄어읽기와 끊어읽기]

초장, 중장은 대체적으로 구를 기준으로 띄어읽기를 하지만 종장의 경우는 첫음보를 띄어읽기하는 경우가 있다. 시조의 문장을 잘 파악하여 선택하기 바란다.

〈종장의 처리〉-권유.


'버릇은 없어 보여도/ 샘이란 말 참 좋다'

'어둠을 길닦이하며/ 흘러가는 푸른 노래'

'샘 같은 선생이라야/ 아이들 가슴 살아나지'

## [중요 낱말 및 시어 시구 풀이]

* 샘 [샘] - 선생님의 준말로 학생들이 선생님을 부를 때 쓰는 말이다.( 표준국어대사전에 등재되지 않았다)

* 샘 [샘:] - 물이 땅에서 솟아 나오는 곳. 또는 그 물.

- 이 시에서는 샘과 샘: 이 번갈아 쓰였으므로 의미를 잘 파악하여 낭송하여야 한다.

* 길닦이 - 길을 고쳐 닦는 일.

-쌤-

선생님(교사, 강사 등)을 줄여 부르는 말.

원래는 동남 방언 사투리 표현으로, 한 글자로 줄이는 경제적인 표현이라 전국으로 퍼졌다. 대충 만든 은어가 아니라 경상도 사투리의 발음 원리를 따라서 만들어진 표현으로, '선생님→슨새임(슨새앰)→새임(새앰)→샘(쌤)' 순으로 축약되었다. 사실 경상도 사투리에서 흔히 나타나는 축약 현상으로, 다른 예를 들면 '형님→헹님→헤임→해: 앰/해앰/햄' 이라고 부르는 식이다.[1][2] 예전에는 동남 방언(경상도 사투리)에서 '쌀'을 '살'로 발음하듯이 된소리(쌍시옷)로 잘 발음하지 않았으나 이미 1980년대부터 어린 학생들 발음이 표준어에 영향을 받으면서 '새임/새앰/샘'

과 '쌔임/쌔앰/쌤'이 혼용되었다. 장음으로 '새: 앰'이라고 아주 길게 발음하기도 한다. 그 중 유독 쌤이란 단어는 개콘 봉숭아 학당의 댄서 킴을 통해 유행을 타 전국에서 통하는 단어가 됐다.

학생들끼리도 선생님들끼리도 선생님을 부를 때 은어로 많이 쓰인다.

초등학교 저학년 때는 선생님들이 학생들에게 '쌤'이라는 말을 쓰지 못하도록 하는 경우가 있다. '선생님'이라는 말을 '쌤'이라고 줄이는 게 좀 무례하다고 여겨질 수 있음을 우려하는 듯하다. 반면 그렇게 부르게 냅두는 선생님들도 있다.

요즘은 학생들이 선생님을 친근하게 부를 때뿐만 아니라 선생님들 사이에서도 다른 선생님을 부를 때 많이 쓰인다. 더 나아가 교사 외에도 선생님이라고 불리는 특정 직업을 가진 사람들끼리 사람의 이름 뒤에도 붙일 수 있다. 의사, 사회, 미용사, 인턴 등. 연구원 등의 직급끼리도 쌤이라고 부르는 사람들도 있다. 특히 미용사들끼리는 쌤이라고 많이 쓴다.

2019년 화제 드라마 SKY캐슬에서 '쓰앵님'이라는 단어가 유행하곤 했다. 다만 일시적인 유행어인지라 몇 년도 안 지나서 거의 사어가 되었다.

백무현의 만화 '만화 박정희'에서 교사 시절 박정희가 일본군 군복을

입고 경상도 사투리를 쓰며 여학생들과 대화할 때 여학생들이 '쌤'이라는 표현을 쓰는데 21세기 신조어 같지만 본래 대구 사투리이기 때문에 고증과 알맞은 묘사로 볼 수 있다.

〈국립국어원 누리집 사전 – 우리말샘(신어, 방언, 전문용어 등 다양한 분야를 아우르는 사전)〉
샘 : 명사 선생님의 준말. 주로 학생들이 쓴다.
쌤 : 명사 '샘'의 센말. 주로 학생들이 쓴다.
〈네티즌들이 편집하는 '나무위키 사전'〉
샘 : 선생님을 친근하게 이르는 표현.


## [낭송의 실제]


## 샘 / 손증호

–샘 / 시조 손증호. 낭:송 ○○○.


선생님 줄인 말로 아이들은 샘이란다
 – 선생님 주린 말:로 아이드른 새미란다
남도 억양으로 쌤이라고도 하는데
 – 남도 어걍으로 쌔미라고도 하는데
버릇은 없어 보여도 샘이란 말 참 좋다

- 버르슨 업 : 써(14) 보여도 새미란(새 : 미란) 말 : 참 조 : 타(12-1)

그렇지 선생님은 샘이라야 마땅하지
- 그러치(12-1) 선생니믄 새 : 미라야 마땅하지
깊디깊은 산골짝에 샘물로 퐁퐁 솟아
- 깁띠기픈 산꼴짜게(28) 샘 : 물로 퐁퐁 소사
어둠을 길닦이하며 흘러가는 푸른 노래
- 어두믈 길다끼하며 흘러가는 푸른 노래

눈 비비고 찾아온 어린 짐승 목축이고
- 눈 비비고 차자온 어린 짐승 목추기고
메마른 봄 들판을 푸릇푸릇 적시는
- 메마른 봄 들 : 파늘 푸릍푸른 적씨는(23)
샘 같은 선생이라야 아이들 가슴 살아나지.
- 샘 : 가튼 선생이라야 아이들 가슴 사라나지.

# 13 임영숙의 「입속의 캐스터네츠」

## 입속의 캐스터네츠 / 임영숙

아버지의 틀니가 입속에서 움직이면
스물여덟 이빨은 고통의 캐스터네츠
직조된
윗니와 아랫니
음악은 살아있다

누대에 이어져 온 저작의 노동으로
하나 된 잇몸과 이빨은 말을 한다
달그락
살아있는 동안
씹고 또 씹어야지

음식을 거부하고 컵 속에 잠긴 시간
가만히 내려놓은 틀니를 바라볼 때

이제는

제 소명 다한 듯

기포 피워 올린다


– 시집『풀잎의 흔들림이 내게 건너왔으니』, 문학의전당, 2020. 09, 27쪽.


## [원본 또는 정본 확인 과정]

시집『풀잎의 흔들림이 내게 건너왔으니』에 수록된 작품으로 시인에게
의뢰하여 원본을 확보하였다.

## [시인소개]

임영숙 시인

데뷔 : 2014년《나래시조》신인상 등단.

수상 : 한국시조시인협회 신인상.

저서 : 시집『풀잎의 흔들림이 내게 건너왔으니』.

## [발음연구]

* 살다[살: 다]는 장음이지만 활용형 살아[사라]는 단음이다.

* '입 속의'가 떨어져 있을 때는 [입 소긔]로 예사소리로 발음하고, '입속
의'처럼 붙어 있을 때는 [입쏘긔] 된소리로 발음한다.

## [장·단음 연구]

〈장음〉

누:대에, 말:을, 음:식을, 거:부하고, 소:명, 다:한.

〈단음〉

살아있다, 살아있는.


## [된소리, 거센소리, 예사소리]

〈된소리되기=경음화〉

입속에서-입쏘게서, 직조된-직쪼된, 살아있다-사라읻따, 씹고-씹꼬.

〈거센소리되기-격음화〉


## [조사 '의'의 발음]

　이 시조에는 아래와 같이 조사 '의'가 등장한다. 소유격 조사 '의'의 발음이 힘든 낭송가는 처소격 조사 '에'로 발음을 할 수 밖에 없겠으나 시낭송가에게 소유격 조사 '의'의 발음은 필수적으로 필요한 발음이다. 발음 '의'가 원칙이고 '에'는 허용일 뿐임을 명심하자.


　　'아버지의 틀니가'

　　'고통의 캐스터네츠'

　　'저작의 노동으로'

## [띄어읽기와 끊어읽기]

초장, 중장은 대체적으로 구를 기준으로 띄어읽기를 하지만 종장의 경우는 첫음보를 띄어읽기하는 경우가 있다. 시조의 문장을 잘 파악하여 선택하기 바란다.

〈종장의 처리〉 - 권유(시인이 율행에 따라 배행하였다).

'직조된
윗니와 아랫니
음악은/ 살아있다'

'달그락
살아있는 동안
씹고/ 또 씹어야지'

'이제는
제 소명 다한 듯
기포 피워/ 올린다'

## [중요 낱말 및 시어 시구 풀이]

* **이와 이빨의 차이**

- '이'는 척추동물의 입 안에 있으며 무엇을 물거나 음식물을 씹는 역할을 하는 기관을 이르는 말로, '이빨'은 '이'를 낮잡아 이르는 말.

## 입속의 캐스터네츠 / 임영숙

- 입쏘긔 캐스터네츠 / 시조 임영숙. 낭:송 ○○○.

아버지의 틀니가 입속에서 움직이면
- 아버지의(에) 틀리가(20) 입쏘게서(23) 움지기면
스물여덟 이빨은 고통의 캐스터네츠
- 스물여덜(10) 이빠른 고통의(에) 캐스터네츠
직조된
- 직쪼된(23)
윗니와 아랫니
- 윈니와(18) 아랜니(18)
음악은 살아있다
- 으마근 사라읻따

누대에 이어져 온 저작의 노동으로
- 누:대에 이어저 온 저자긔(게) 노동으로
하나 된 잇몸과 이빨은 말을 한다
- 하나 된 인몸과(18) 이빠른 마:를 한다
달그락
- 달그락

살아있는 동안

– 사라인는 동안

씹고 또 씹어야지

– 씹꼬 또 씨버야지


음식을 거부하고 컵 속에 잠긴 시간

– 음:시글 거:부하고 컵 소:게 잠긴 시간

가만히 내려놓은 틀니를 바라볼 때

– 가만히 내려노은(12–4) 틀리를 바라볼 때

이제는

– 이제는

제 소명 다한 듯

– 제 소:명 다:한 듣

기포 피워 올린다

– 기포 피워 올린다

# 14 김종연의 「어디서 무엇이 되어 다시 만나랴」

## 어디서 무엇이 되어 다시 만나랴* / 김종연

- 솔발산 공원묘지

당신께서 덮었던 책장의 마지막을 펼쳐
뒷이야기를 씁니다 그날부터 지금까지
시점이 자꾸 흐려져 글들이 흩어지네요

더 이상 건너올 수 없는 그 편의 언어들은
몇 번의 번역기를 돌려야 닿을까요
대답을 기다립니다 답신 빨리 주소서

둥글고 단단해진 수천 개 동음이의어
다 잊은 듯 다 버린 듯 그렇게 누웠지만
골짜기 가득 서린 고요 압축파일 같습니다

세필 궁체로 알알이 그렇게 써 내려간

당신의 생애가 여전히 진행형이길

한나절 바람에 기대 바람을 소지합니다


＊ 김환기 그림에서 차용


– 시조집 『시 약방을 아시나요』 작가, 2025. 08. 95쪽.

## [원본 또는 정본 확인 과정]
시조집 『시 약방을 아시나요』에 수록된 작품을 시인에게 의뢰하여 원본 확보하였다.

## [시인소개]
김종연 시인

데뷔 : 2010년《나래시조》신인상 등단 .

경력 : 현 나래시조 시인협회 사무국장.

수상 : 2017년 단시조 대상, 제9회 울산시조작품상.

저서 : 시조집 『분꽃 엄마』(2017), 『아프리카 부처님』(2021).

## [발음연구]
＊ 닿다[다:타]는 장음이지만 활용형 닿을[다을]은 단음이다.
＊ 눕다[눕:따]는 장음이지만 활용형 누워[누워]는 단음이다.

## [장·단음 연구]

〈장음〉

뒷:이야기를, 시:점이, 건:너울, 대: 답을, 없:는, 수:천, 다:, 세:필, 진:행형
이길, 기:대, 소:지합니다.

〈단음〉

닿을, 누워.


## [된소리, 거센소리, 예사소리]

〈된소리되기=경음화〉

솥발산-손빨싼, 덮었던-더펃떤, 책장의-책짱의, 시점이-시 : 쩌미, 몇 번
의-멷 뻐늬, 번역기를-버녁끼를, 답신-답씬, 누웠지만-누월찌만, 같습
니다-갇씀니다.

〈거센소리되기-격음화〉

그렇게-그러케.


## [조사 '의'의 발음]

　이 시조에는 아래와 같이 조사 '의'가 등장한다. 소유격 조사 '의'의 발
음이 힘든 낭송가는 처소격 조사 '에'로 발음을 할 수 밖에 없겠으나 시
낭송가에게 소유격 조사 '의'의 발음은 필수적으로 필요한 발음이다. 발
음 '의'가 원칙이고 '에'는 허용일 뿐임을 명심하자.

'책장의 마지막을 펼쳐'

'그 편의 언어들은'

'몇 번의 번역기를'

'당신의 생애가'


## [띄어읽기와 끊어읽기]

초장, 중장은 대체적으로 구를 기준으로 띄어읽기를 하지만 종장의 경우는 첫음보를 띄어읽기하는 경우가 있다. 시조의 문장을 잘 파악하여 선택하기 바란다.

〈종장의 처리〉-권유.


'시점이 자꾸 흐려져/ 글들이 흩어지네요'

'대답을 기다립니다/ 답신 빨리 주소서'

'골짜기/ 가득 서린 고요/ 압축파일 같습니다'

'한나절/ 바람에 기대/ 바람을 소지합니다'


## [중요 낱말 및 시어 시구 풀이]

* 한나절 바람에 기대 바람을 소지합니다.

- 앞의 바람은 부는 바람을 말하고 뒤의 바람은 소망의 뜻인 바람

* 바램과 바람 중 올바른 표현은?

'바람'은 기본형이 '바라다'인 동사에서 온 명사이다. 따라서 명사형 어미 'ㅁ'이 붙어 명사로 굳어졌기에, '바람'으로 써야 옳다.

\* **궁체** : 조선 시대에, 궁녀들이 쓰던 한글 서체. 선이 맑고 곧으며 단정하고 아담한 점이 특징이다.

\* **소지하다** : 부정(不淨)을 없애고 신에게 소원을 빌기 위하여 흰 종이를 태워 공중으로 올리다.


## [낭송의 실제]

### 어디서 무엇이 되어 다시 만나랴 / 김종연

　- 솔밭산 공원묘지

　- 어디서 무어시 되어 다시 만나랴

　- 솓빨싼 공원묘지 / 시조 김종연. 낭 : 송 ○○○.


당신께서 덮었던 책장의 마지막을 펼쳐

　- 당신께서 더펃떤(23) 책짱의(에)(23) 마지마글 펼처

뒷이야기를 씁니다 그날부터 지금까지

　- 뒨 : 니야기를(29,18) 씀니다 그날부터 지금까지

시점이 자꾸 흐려져 글들이 흩어지네요

　- 시 : 쩌미 자꾸 흐려저(5-다만1) 글드리 흐터지네요


더 이상 건너올 수 없는 그 편의 언어들은

　- 더 이상 건 : 너올 수(쑤) 엄 : 는(10,18) 그 펴늬 어너드른

몇 번의 번역기를 돌려야 닿을까요

- 멷 뻐늬(네) 버녁끼를 돌려야 다을까요(12-4)

대답을 기다립니다 답신 빨리 주소서

- 대:다블 기다림니다(18) 답씬(23) 빨리 주소서


둥글고 단단해진 수천 개 동음이의어

- 둥글고 단단해진 수:천 개 동으미의어(동으미이어)

다 잊은 듯 다 버린 듯 그렇게 누웠지만

- 다: 이즌 듣 다: 버린 듣 그러케(12-1) 누웓찌만(23)

골짜기 가득 서린 고요 압축파일 같습니다

- 골짜기 가득 서린 고요 압축파일 갇씀니다(18)


세필 궁체로 알알이 그렇게 써 내려간

- 세:필 궁체로 아라리 그러케 써 내려간

당신의 생애가 여전히 진행형이길

- 당시늬(네) 생애가 여전히 진:행형이길

한나절 바람에 기대 바람을 소지합니다

- 한나절 바라메 기:대 바라믈 소:지함니다


〈참고〉

「어디서 무엇이 되어 다시 만나랴」는 김환기가 1970년에 그린 유화이

다. 김환기의 1970년대 점화의 대표작이다. 캔버스에 유채로 그렸으며, 세로 236cm, 가로 172cm이다. 1970년 한국일보사에서 주최한 제1회 한국미술대상전에서 대상을 받은 작품이다. 작품의 제목은 시인 김광섭의 시 「저녁에」의 마지막 구절을 인용한 것이다. 이 작품은 점의 크기와 색채의 농담과 번짐의 차이로 인해 마치 별빛이 부유하는 밤의 풍경 같은 우주적 공간감을 느끼게 한다고 평가된다. 김환기는 이 작품을 시작으로 1971년부터 1972년까지 대작의 점화를 다수 제작하였다.

## 저녁에 / 김광섭

저렇게 많은 중에서
별 하나가 나를 내려다본다
이렇게 많은 사람 중에서
그 별 하나를 쳐다본다

밤이 깊을수록
별은 밝음 속에 사라지고
나는 어둠 속에 사라진다

이렇게 정다운
너 하나 나 하나는

어디서 무엇이 되어

다시 만나랴


〈노래〉 어디서 무엇이 되어 다시 만나랴 – 정영주 작곡, 유심초 노래

# 15 권갑하의 「연鳶을 띄우다」

## 연鳶을 띄우다 / 권갑하

연을 날린다 광활한 발해의 하늘 위로
장백의 안개 헤치고 압록 두만도 훌쩍 넘어
적층된 연대 속으로
연을 띄워 올린다

여기가 어디인가 굽어보고 돌아보며
주름진 오욕의 역사 해진 상흔도 다독이며
가끔은 천둥 번개 불러
곤한 잠도 깨워가며

너무 높게는 말고 낮게는 더욱 말고
연바람 멈추면 노래도 멎고 말 것이니
당겨라, 팽팽히 얼레를
풀었다 다시 당겨라

〉
오래 떠나 있어 낯설고 물설겠지만
내 어버이 온몸으로 일군 모토母土아니던가
다물多勿* 그, 돛을 올리듯
꼬리 긴 연을 띄운다

*다물多勿은 '되찾다', '회복하다'라는 뜻으로 고구려 시조 고주몽의 연호이자
건국이념이다.『삼국사기』권13 고구려 본기 동명성왕편에 다물을 '麗語謂復
舊土'로 표현했는데 이는 고구려어로 고토회복을 뜻한다. (중국 송나라때 司
馬光(사마광)이 지은 資治通鑑(자치통감)에는 麗語謂復舊土爲多勿(려어위
복구토위다물) 이라 했다. 즉 고구려 말로 옛 땅을 회복하는 것이 多勿(다
물) 이라 한다는 것이다.

- 시조집『겨울발해』, 알토란북스, 2017. 04, 13쪽.

## [원본 또는 정본 확인 과정]
시집『겨울발해』에 수록된 작품을 시인에게 의뢰하여 원본을 확보하였
다.

## [시인소개]
권갑하 시인

출생 : 경북 문경

데뷔 : 1992년《조선일보》,《경향신문》신춘문예 등단

수상 : 중앙시조대상(2011) 등

저서 : 시조집『겨울발해』외. 평론집『현대시조와 모더니즘』

## [발음연구]

* 넘다[넘:따]는 장음이지만 활용형 넘어[너머]는 단음이다.

## [장·단음 연구]

〈장음〉

광:활한, 안:개, 오:욕의, 해:진, 곤:한, 말:고, 말: 것이니, 온:몸으로, 모:토, 긴:.

〈단음〉

너머.

## [된소리, 거센소리, 예사소리]

〈된소리되기=경음화〉

역사-역싸, 높게는-놉께는, 낮게는-낟께는, 연바람-연빠람, 멎고-먿꼬, 말 것이니-말: 꺼시니, 풀었다-푸럳따, 낯설고-낟썰고, 물설겠지만-물설겓찌만.

## [조사 '의'의 발음]

이 시조에는 아래와 같이 조사 '의'가 등장한다. 소유격 조사 '의'의 발음이 힘든 낭송가는 처소격 조사 '에'로 발음을 할 수 밖에 없겠으나 시낭송가에게 소유격 조사 '의'의 발음은 필수적으로 필요한 발음이다. 발음 '의'가 원칙이고 '에'는 허용일 뿐임을 명심하자.

'발해*의* 하늘 위로'
'주름진 오욕*의* 역사'

## [띄어읽기와 끊어읽기]

초장, 중장은 대체적으로 구를 기준으로 띄어읽기를 하지만 종장의 경우는 첫음보를 띄어읽기하는 경우가 있다. 시조의 문장을 잘 파악하여 선택하기 바란다.
〈종장의 처리〉-권유.

'적층된 연대 속으로/
연을 띄워 올린다'

'가끔은/ 천둥 번개 불러/
곤한 잠도 깨워가며'

'당겨라,/ 팽팽히 얼레를/

풀었다/ 다시 당겨라'

'다물多勿*/ 그,/ 돛을 올리듯/
꼬리 긴/ 연을 띄운다'

## [중요 낱말 및 시어 시구 풀이]

＊ **장백** : 함경도와 만주 사이에 있는 산. 장백산맥(長白山脈) 동쪽에 솟은 우리나라 제일의 산이다. 높이는 2,744미터. 백두산의 다른 말.

＊ **해:지다** : '해어지다'의 준말로 닳아서 떨어지다는 뜻.

## [낭송의 실제]

## 연鳶을 띄우다 / 권갑하

– 여늘 띠우다 / 시조 권갑하. 낭:송 ○○○.

연을 날린다 광활한 발해의 하늘 위로
– 여늘 날린다 광:활한 발해의(에) 하늘 위로
장백의 안개 헤치고 압록 두만도 훌쩍 넘어
– 장배긔(게) 안:개 헤치고 암녹(19–붙임,18) 두만도 훌쩍 너머
적층된 연대 속으로
– 적층된 연대 소:그로

연을 띄워 올린다

- 여늘 띠워 올린다

〉

여기가 어디인가 굽어보고 돌아보며

- 여기가 어디인가 구버보고 도라보며

주름진 오욕의 역사 해진 상흔도 다독이며

- 주름진 오:요긔(게) 역싸 해:진 상흔도 다도기며

가끔은 천둥 번개 불러

- 가끄믄 천둥 번개 불러

곤한 잠도 깨워가며

- 곤:한 잠도 깨워가며


너무 높게는 말고 낮게는 더욱 말고

- 너무 놉께는 말:고 낟께는 더욱 말:고

연바람 멈추면 노래도 멎고 말 것이니

- 연빠람 멈추면 노래도 먿꼬(23) 말: 꺼시니(27)

당겨라, 팽팽히 얼레를

- 당겨라, 팽팽히 얼레를

풀었다 다시 당겨라

- 푸럳따 다시 당겨라


오래 떠나 있어 낯설고 물설겠지만

‒ 오래 떠나 이써 낟썰고 물썰겓찌만

내 어버이 온몸으로 일군 모토母土 아니던가

‒ 내 어버이 온:모므로 일군 모:토 아니던가

다물多勿* 그, 돛을 올리듯

‒ 다물 그, 도츨 올리든

꼬리 긴 연을 띄운다

‒ 꼬리 긴: 여늘 띠운다

# 16 김선호의 「퇴행성」

**퇴행성** / 김선호


돌아보면 아득히 참 멀리도 흘러왔다
뱃속에서 열 달
아니, 전생은 좀 길었나
지나온 길목, 길목마다 새록새록 돋는 별


때로는 금성처럼 새벽을 깨우다가
혹은 화성으로 갖은 애를 태우다가
무작정
주변을 맴도는 어지러운 토성이다가


아, 정녕
더는 갈 수 없는 이승의 막바지에서
다시는 돌아갈 수 없는 수백 광년 강가에서

마지막 사력을 다해 제 몸 태워 빛나는 별

– 시조집『섬마섬마』, 알토란북스, 2017, 14쪽.

## [원본 또는 정본 확인 과정]

알토란북스에서 발행한 시집『섬마섬마』에 수록된 작품을 시인에게 의뢰하여 원본 확보하였다.

## [시인소개]

김선호 시인

데뷔 : 1996년《조선일보》신춘문예 당선.

수상 : 2021년 전영택 문학상, 2022년 김상옥백자예술상.

저서 : 시조집『공생시대』『섬마섬마』『으밀아밀』.

## [발음연구]

* 열 달[열: 딸] 단위를 나타내는 '단위성 의존 명사'는 쓸 때는 띄어 쓰지만 읽을 때는 붙여서 읽는다.

* 길다[길:다]는 장음이지만 활용형 길어[기러]는 단음이다.

* 갈 수 없는[갈쑤 엄:는] → 표준 발음법 제27항에 따라 된소리로 발음한다.

다만, 끊어서 말할 적에는 예사소리로 발음한다.

갈 수 없는[갈 수 엄: 는]

## [장·단음 연구]

〈장음〉

퇴:행성, 멀:리도, 열:, 별:, 화:성으로, 애:를, 맴:도는, 없:는, 수:백, 사:력을, 다:해.

〈단음〉

길었나.

## [된소리, 거센소리, 예사소리]

〈된소리되기=경음화〉

퇴행성-퇴 : 행썽, 흘러왔다-흘러왇따, 뱃속에서-배(밷)쏘게서, 열 달-열 : 딸, 새록새록-새록쌔록, 무작정-무작쩡, 갈 수-갈 수(갈쑤), 막바지에서-막빠지에서, 돌아갈 수-도라갈 수(쑤), 강가에서-강까에서.

〈거센소리되기-격음화〉

아득히-아드키.

## [조사 '의'의 발음]

이 시조에는 아래와 같이 조사 '의'가 등장한다. 소유격 조사 '의'의 발음이 힘든 낭송가는 처소격 조사 '에'로 발음을 할 수 밖에 없겠으나 시 낭송가에게 소유격 조사 '의'의 발음은 필수적으로 필요한 발음이다. 발음 '의'가 원칙이고 '에'는 허용일 뿐임을 명심하자.

'이승*의* 막바지에서'

## [띄어읽기와 끊어읽기]

시인이 음보 단위로 행을 바꾼 것은 그 부분을 더 강조하기 위한 것
이다.

행을 잘 살려서 낭송한다.


'지나온/ 길목,/ 길목마다/ 새록새록 돋는 별'


'무작정/

주변을 맴도는/ 어지러운/ 토성이다가 '


'마지막/ 사력을 다해/ 제 몸 태워 빛나는 별'


## [중요 낱말 및 시어 시구 풀이]

**퇴행-성(退行性)** : 「명사」『의학』 몸의 기관 따위가 많이 사용되거나 노
화하여 그 기능이 퇴화하는 성질.

* **광년[광년]** - 천체와 천체 사이의 거리를 나타내는 단위.

  **광년[광:년]** - 까마득히 오랜 세월.

## [낭송의 실제]

### 퇴행성 / 김선호

– 퇴:행썽(28) / 시조 김선호. 낭:송 ○○○.


돌아보면 아득히 참 멀리도 흘러왔다

– 도라보면 아드키 참 멀:리도 흘러왇따

뱃속에서 열 달

– 배(밷)쏘게서(30-1) 열: 딸

아니, 전생은 좀 길었나

– 아니, 전생은 좀 기런나

지나온 길목, 길목마다 새록새록 돋는 별

– 지나온 길목, 길몽마다(18) 새록쌔록(23) 돈는(18) 별:


때로는 금성처럼 새벽을 깨우다가

– 때로는 금성처럼 새벼글 깨우다가

혹은 화성으로 갖은 애를 태우다가

– 호근 화:성으로 가즌 애:를 태우다가

무작정

– 무작쩡

주변을 맴도는 어지러운 토성이다가

– 주벼늘 맴:도는 어지러운 토성이다가

〉

아, 정녕

– 아, 정녕

더는 갈 수 없는 이승의 막바지에서

– 더는 갈 수(쑤) 엄:는(10,18) 이승의(에) 막빠지에서(23)

다시는 돌아갈 수 없는 수백 광년 강가에서

– 다시는 도라갈 수(쑤) 엄:는 수:백 광년 강까에서(28)

마지막 사력을 다해 제 몸 태워 빛나는 별

– 마지막 사:려글 다:해 제 몸 태워 빈나는(18) 별

# 17 황정희의 「한 켤레의 봄」

## 한 켤레의 봄 / 황정희

사과꽃 길에 들어
푸른 원을 읽어낼 때
봄볕에 잠이 든 새
부리 끝에 앉는 바람
이제는
가질 수 없는
아비 봄을 읽는다


패인 길 포장한 길 스캔한 구두 뒤축
삐딱한 걸음만큼 기울어진 계절 눕고
마당 가
버티고 서서
마지막 봄 즐긴다

새들은 날아올라

바닥의 무게 털고

사람은 걸으면서 길의 무게 끌고 간다

아버지

구두 한 켤레

봄빛으로 남았다


– 계간시조전문지 『나래시조』 2023년 겨울호. 149쪽.


## [원본 또는 정본 확인 과정]

– 계간시조전문지 『나래시조』 2023년 겨울호에서 원본을 확인하였다.


## [참고본 또는 이본]

참고본 또는 이본이 없다.


## [시인소개]

황정희 시인

**출생** : 경북 영주.

**데뷔** : 2002년 《월간문학》 신인상 등단.

**수상** : 2023년 《농민신문》 신춘문예 시 당선. 경북여성문학상.

　　　니래시조문학상.

저서 : 시집 『꽃잎이 진 자리에』.

## [시조의 이해]

봄을 맞이하여 돌아가신 아버지를 그리워하는 시인의 눈이 한 켤레의 아비 신발에 시선이 머문다. 봄볕으로 머문 아버지와의 추억이 봄과 함께 따뜻하겠다.

## [장·단음 연구]

⟨장음⟩

새-새ː, 없는-엄ː는, 뒤축-뒤ː축, 계절-계(게)ː절, 눕고-눕ː꼬, 가-가ː, 새들은-새ː드른, 털고-털ː고, 사람은-사ː라믄, 끌고-끌ː고.

## [된소리, 거센소리, 예사소리]

⟨된소리되기=경음화⟩

봄볕에-봄뼈테, 눕고-눕ː꼬, 봄빛으로-봄삐츠로, 남았다-나맏따.

⟨거센소리되기-격음화⟩

삐딱한-삐따칸.

## [조사 '의'의 발음]

이 시조에는 아래와 같이 조사 '의'가 등장한다. 소유격 조사 '의'의 발음이 힘든 낭송가는 처소격 조사 '에'로 발음을 할 수 밖에 없겠으나 시낭송가에게 소유격 조사 '의'의 발음은 필수적으로 필요한 발음이다. 발

음 '의'가 원칙이고 '에'는 허용일 뿐임을 명심하자.


    '바닥*의* 무게 털고'
    '사람은 걸으면서 길*의* 무게 끌고 간다'

## [띄어읽기와 끊어읽기]

초장, 중장은 대체적으로 구를 기준으로 띄어읽기를 하지만 종장의 경우는 첫음보를 띄어읽기하는 경우가 있다. 시조의 문장을 잘 파악하여 선택하기 바란다.
〈마지막 종장의 처리〉 -권유.

시인이 음보 배열과 구 배열로 구분해 배열하여 배열한 대로 낭송하면 된다.


## [중요 낱말 및 시어 시구 풀이]

시조를 이해하기 어려운 시어나 시구가 없다.


## [낭송의 실제]


## 한 켤레의 봄 / 황정희

– 한 켤레의 봄 / 시조 황정희·낭:송 ○○○.

사과꽃 길에 들어

– 사과꼳 기레 드러

푸른 원을 읽어낼 때

– 푸른 워늘 일거낼 때

봄볕에 잠이 든 새

– 봄뼈테 자미 든 새 :

부리 끝에 앉는 바람

– 부리 끄테 안는 바람

이제는

– 이제는

가질 수 없는

– 가질 수(쑤) 엄 : 는

아비 봄을 읽는다

– 아비 보믈 잉는다


패인 길 포장한 길 스캔한 구두 뒤축

– 패인 길 포장한 길 스캔한 구두 뒤 : 축

삐딱한 걸음만큼 기울어진 계절 눕고

– *삐따칸* 거름만큼 기우러진 계(게) : 절 눕 : 꼬

마당 가

– 마당 가 :

버티고 서서

- 버티고 서서

마지막 봄 즐긴다

- 마지막 봄 즐긴다


새들은 날아올라

- 새ː드른 나라올라

바닥의 무게 털고

- 바다긔(게) 무게 털ː고

사람은 걸으면서 길의 무게 끌고 간다

- 사ː라믄 거르면서 기릐(레) 무게 끌ː고 간다

아버지

- 아버지

구두 한 켤레

- 구두 한 켤레

봄빛으로 남았다

- 봄삐츠로 나맏따

# 18 리강룡의 「도동 측백수림」

## 도동 측백수림* / 리강룡

천 살을 묵었다 카네
저 빼빼한 나무들이
험한 바우 틈서리 비집고 틀어 앉아
안즉도 청청한 웃음 웃고 있다 아이가

서거정 큰 선생도 저들을 봤다 카제
북벽향림北壁香林이라
참한 이름도 지어주고
달구벌 십경 중에서 으뜸이라 카시다

나무도 천 년쯤은 비바람을 맞고 나면
안으로 뼈를 녹여 은은한 향을 짓는갑다
두둥실 달뜨는 밤이면
한 채 피리로 사는갑다

\* 도동 측백수림 : 대구시 도동 소재, 대한민국천연기념물 제1호.


– 시집 『신지리』, 고요아침, 2014. 11, 69쪽.


## [원본 또는 정본 확인 과정]
시집 『신지리』에 수록된 작품으로 시인에게 의뢰하여 원본을 확보하였다.


## [시인소개]
**리강룡 시인**
데뷔 : 1983년 《매일신문》 신춘문예 당선, 《시조문학》 추천 완료.
수상 : 조연현문학상, 현대시조문학상.
저서 : 시조집 『한지창에 고인 달빛』 외 5권. 평론집 『생각의 텃밭에 핀 꽃을 찾아서』 외, 수필집 『삶과의 악수』 등.


## [발음연구]
 \* 짓다[짇:따]는 장음이지만 지어[지어]는 단음이다.


## [장·단음 연구]
〈장음〉
험:한, 비:집고, 웃:고, 봤:다, 참: 한, 짓:는갑다, 사:는갑다.

〈단음〉

지어주고.


## [된소리, 거센소리, 예사소리]

〈된소리되기=경음화〉

측백수림-측빽쑤림, 비집고-비 : 집꼬, 안즉도-안즉또, 웃고-욷 : 꼬, 있다-읻따, 봤다-봗 : 따, 북벽향림-북뼉향님, 십경-십경, 맞고-맏꼬, 짓는갑다-진 : 는갑따, 사는갑다-사 : 는갑따.


## [조사 '의'의 발음]

이 시조에는 조사 '의'가 없다.


## [띄어읽기와 끊어읽기]

초장, 중장은 대체적으로 구를 기준으로 띄어읽기를 하지만 종장의 경우는 첫음보를 띄어읽기하는 경우가 있다. 시조의 문장을 잘 파악하여 선택하기 바란다.

〈종장의 처리〉 -권유.


    '안즉도/ 청청한 웃음/ 웃고 있다 아이가'

    '달구벌/ 십경 중에서/ 으뜸이라 카시다'

    '두둥실/ 달뜨는 밤이면/

    한 채 피리로/ 사는갑다'

## [중요 낱말 및 시어 시구 풀이]

카네, 바우, 아이가, 카제, 카시다

*사투리는 사투리의 맛을 충분히 살려서 낭송한다.

*경상도 사투리가 발음이 격하고, 말의 길이가 줄고, 억양이 거센 것은 강한 바닷바람과 산과 고개가 많은 곳에 사는 이웃에게 나의 말을 최대한 분명히 잘 전달하려는 선한 마음에서 나온 영향이다. -작가 홍월

## [낭송의 실제]

### 도동 측백수림* / 리강룡

– 도동 측백쑤림 / 시조 리강룡. 낭:송 ○○○.

천 살을 묵었다 카네
– 천 사를 무걷따(23) 카네
저 빼빼한 나무들이
– 저 빼빼한 나무드리
험한 바우 틈서리 비집고 틀어 앉아
– 험:한 바우 틈서리 비:집꼬 트러 안자
안즉도 청청한 웃음 웃고 있다 아이가
– 안즉또 청청한 우슴 운:꼬 읻따 아이가

〉

서거정 큰 선생도 저들을 봤다 카제

- 서거정 큰 선생도 저드를 받 : 따 카제

북벽향림北壁香林이라

- 북뼉향니미라(19)

참한 이름도 지어주고

- 참 : 한 이름도 지어주고

달구벌 십경 중에서 으뜸이라 카시다

- 달구벌 십경 중에서 으뜨미라 카시다


나무도 천 년쯤은 비바람을 맞고 나면

- 나무도 천 년쯔은 비바라믈 맏꼬 나면

안으로 뼈를 녹여 은은한 향을 짓는갑다

- 아느로 뼈를 노겨 으느한 향을 진 : 는갑따

두둥실 달뜨는 밤이면

- 두둥실 달뜨는 바미면

한 채 피리로 사는갑다

- 한 채 피리로 사 : 는갑따

# 19 이승현의 「아내 시편」

## 아내 시편 / 이승현

참나무 숯불덩이로 푹 고은 곰국이라도
쫄면서 떠오르는
뿌연 것쯤 있게 마련
오래된 장항아리에
곰팡이 피듯, 그렇게

걷다 보면 뭣 모르고
곁불도 쬐게 되고
꼬인 연줄에 걸려 헛발질도 하게 되지
그러니, 잉걸불인들
어찌 식지 않겠는가

뒷모습 서늘해짐은
가을 나무 보면 안다

서로가 서로에게 진국으로 남으려면

때때로 핵융합하듯

화학적 충돌하는 거다


- 시조집『빛 소리 그리고』 2009,


## [원본 또는 정본 확인 과정]
-이승현 시인에게 원본을 직접 받아서 확인하였다.


## [참고본 또는 이본]

# 아내 시편 / 이승현


참나무 숯불덩이로 푹 고은 곰국이라도

졸면서 떠오르는

뿌연 것쯤은 있게 마련

오래된 장항아리에

곰팡이 피듯, 그렇게


걷다 보면 뭣 모르고

곁불도 쬐게 되고

꼬인 연줄에 걸려 헛발질도 하게 되지

그러니, 잉걸불인들

어찌 식지 않겠는가


뒷모습 서늘해짐은

가을 나무 보면 안다

서로가 서로에게 진국으로 남으려면

때때로 핵융합 하듯

<u>화학반응</u> 하는 거다


- 대구 매일신문 2008년 12월 11일 [박기섭의 목요시조산책]


## [시인소개]

**이승현 시인**

데뷔 : 2003년《유심》등단.

수상 : 나래시조문학상, 이호우시조문학상신인상, 올해의좋은시조집상,
　　　 서울시문학상.

저서 : 시조집『빛 소리 그리고』『사색의 수레바퀴』
　　　『아내에게 바치는 연가』.

## [시조의 이해]

늘 곁에서 곁을 주는 사람. 아내.

그렇지만 정작 시 속에 아내를 불러들이는 일은 생각처럼 쉽지 않습니다.

혜식은 타성 같은 게 감탕처럼 자꾸 엉겨서요. 한데, 시인은 용케도 꽤 여러 편의 시에 아내를 불러내고는 세상의 부부 얘기를 슬쩍 밀어놓곤 합니다.

부부라도 인연의 강물을 웬만큼은 건너야 어떤 곡진함이 생기는 법이죠. 마치 참숯으로 푹 고은 곰국이나 오래된 장항아리의 곰팡이처럼, 뭣 모르고 겉불을 쬐고 꼬인 연줄에 걸려 헛발질을 하다 보면 잉걸불인들 어찌 식지 않겠습니까.

부대끼고 뒤채이며 살아가는 동안 누구나 서늘한 가을 나무가 됩니다.

오래도록 진국으로 남기 위해서는 서로가 서로를 고우고, 서로가 서로에게 졸아들 일입니다.

세상을 떠도는, 둘이면서 하나인 섬, 부부

- 박기섭/(대구 매일신문 2008년 12월 11일 [박기섭의 목요시조산책]에서)

## [발음 연구]

핵융합하듯[행늉하파든]

## [장·단음 연구]

〈장음〉

곰:국이라도, 쫄:면서, 뿌:연, 장:항아리에, 곰:팡이, 걷:다, 뭿:, 모:르고,
쬐:게, 뒷:모습, 서:늘해짐은, 안:다, 화:학적.

## [된소리, 거센소리, 예사소리]

〈된소리되기=경음화〉

숯불덩이로-숟뿔떵이로, 곰국이라도-곰:꾸기라도, 있게-읻께, 곁불
도-겯뿔도, 헛발질도-헏빨질도, 잉걸불인들-잉걸뿌린들, 식지-식찌.

〈거센소리되기-격음화〉

그렇게-그러케, 않겠는가-안켄는가, 핵융합하듯-행늉하파든.

## [조사 '의'의 발음]

이 시조에는 조사 '의'가 없다.

## [띄어읽기와 끊어읽기]

초장, 중장은 대체적으로 구를 기준으로 띄어읽기를 하지만 종장의
경우는 첫음보를 띄어읽기하는 경우가 있다. 시조의 문장을 잘 파악하
여 선택하기 바란다.

〈마지막 종장의 처리〉 -권유.

'오래된/ 장항아리에
곰팡이 피듯,/ 그렇게'

'그러니,/ 잉걸불인들
어찌 식지 않겠는가'

'때때로/ 핵융합하듯
화학적 충돌하는/ 거다'

## [중요 낱말 및 시어 시구 풀이]

연줄[연쭐] : 연을 매어서 날리는 데 쓰는 실.
연줄[연줄] : 인연이 닿는 길.

## [낭송의 실제]

## 아내 시편 / 이승현

– 아내 시편 / 시조 이승현. 낭:송 ○○○.

참나무 숯불덩이로 푹 고은 곰국이라도

- 참나무 숯뿔떵이로 푹 고은 곰:꾸기라도

쫄면서 떠오르는

- 쫄:면서 떠오르는

뿌연 것쯤 있게 마련

- 뿌:연 걷쯤 읻께 마련

오래된 장항아리에

- 오래된 장:항아리에

곰팡이 피듯, 그렇게

- 곰:팡이 피듣, 그러케


걷다 보면 뭣 모르고

- 걷:다 보면 뭘: 모:르고

곁불도 쬐게 되고

- 곁뿔도 쬐:게 되고

꼬인 연줄에 걸려 헛발질도 하게 되지

- 꼬인 연주레 걸려 헏빨질도 하게 되지

그러니, 잉걸불인들

- 그러니, 잉걸뿌린들

어찌 식지 않겠는가

- 어찌 식찌 안켄는가


뒷모습 서늘해짐은

– 뒨:모습 서:늘해지은

가을 나무 보면 안다

– 가을 나무 보면 안:다

서로가 서로에게 진국으로 남으려면

– 서로가 서로에게 진구그로 나므려면

때때로 핵융합하듯

– 때때로 *행늉하파듣*

화학적 충돌하는 거다

– 화:학쩍 충돌하는 거다

# 20 서태수의 「강江이 쓰는 시詩」


## 강江이 쓰는 시詩 / 서태수

- 낙동강 • 415


강물은 흐르면서 일 년 내내 시를 쓴다
바람 잘 날 없는 세상
굽이마다 시 아니랴
긴 물길 두루마리에 바람으로 시를 쓴다


낭떠러지 떨어지고 돌부리에 넘어진 길
부서진 뼛조각을 물비늘로 반짝이며
수평의 먼동을 찾아 휘어 내린 강의 생애


온몸 흔들리는 갈대숲 한 아름 묶어
서사는 해서체로, 서정은 행서체로
시절이 하 수상하면 일필휘지 초서체다

비 섞고 눈을 섞고 햇볕도 섞은 시편詩篇

파고波高 높은 기쁨 슬픔

온몸으로 새겼어도

세상은 시를 안 읽고 풍랑風浪이라 여긴다


– 『현대시조 대표작』 알토란 북스, 2018년. 257쪽.


## [원본 또는 정본 확인 과정]

– 『현대시조 대표작 』 알토란 북스에서 원본 확인하였다.


## [참고본 또는 이본]

참고본 또는 이본이 없다.


## [시인소개]

서태수 시인

출생 : 경남 김해.

데뷔 : 1991년《시조문학》천료, 2006년《한국교육신문》수필 당선.

수상 : 성파시조문학상, 청백리문학상, 낙동강문학상, 녹조근정훈장 외.

저서 : 낙동강 연작 6시조집『당신의 강』외. 수필집『조선낫에 벼린 수필』외. 평론집『율격은 현대서정의 메시아』외.

## [시조의 이해]

　강물의 흐름과 우리의 삶을 비유한 수작이다. 강물이 흐르듯 우리의 삶에도 낭떠러지도 있고 구비도 있고 돌부리도 있다. 시를 쓰듯 강물이 흐르듯 우리 삶도 흘러가고 있다.

## [장·단음 연구]

〈장음〉

4:15, 내:내, 없:는, 세:상, 긴:, 돌:부리에, 면:동을, 온:몸, 서:사는, 서:정은, 눈:을, 온:몸으로, 세:상은.

## [된소리, 거센소리, 예사소리]

〈된소리되기=경음화〉

415-사 : 백씨보, 물길-물낄, 돌부리에-돌 : 뿌리에, 뼛조각을-뼈(뼏)쪼가글, 갈대숲-갈때숩, 섞고-석꼬, 햇볕도-해(핻)뼏또, 읽고-일꼬.

## [조사 '의'의 발음]

　이 시조에는 아래와 같이 조사 '의'가 나온다. 소유격 '의'가 처소격 '에'가 되지 않도록 시의 원문을 충분히 이해하고 발음하기를 권한다.

　특히 한 행에 '의'와 '에'가 연달아 나올 때는 꼭 구분하여 발음해야 한다.

　또한 제목에 사용하는 소유격 조사 '의'는 꼭 '의'로 발음하여야 한다. 왜냐하면 제목에는 '종결어미'가 없기에 소유격과 처소격을 분명하게 제

시해 주어야 하기 때문이다.


'수평의 면동을 찾아 휘어 내린 강의 생애'

## [띄어읽기와 끊어읽기]
초장, 중장은 대체적으로 구를 기준으로 띄어읽기를 하지만 종장의 경우는 첫음보를 띄어읽기하는 경우가 있다. 시조의 문장을 잘 파악하여 선택하기 바란다.
〈마지막 종장의 처리〉-권유.


'긴 물길 두루마리에/ 바람으로/ 시를 쓴다'
'수평의 면동을 찾아/ 휘어 내린/ 강의 생애'
'시절이/ 하 수상하면/ 일필휘지/ 초서체다'
'세상은/ 시를 안 읽고 풍랑風浪이라 여긴다'

## [중요 낱말 및 시어 시구 풀이]
하 : (부사)(원인을 나타내거나 의문문에 쓰여) 정도가 매우 심하거나 큼을 강조하여 이르는 말. '아주', '몹시'의 뜻을 나타낸다.

## 강江이 쓰는 시詩 / 서태수

- 강이 쓰는 시
- 낙동강· 415
- 낙똥강·사:백씨보 / 시조 서태수. 낭:송 ○○○.


강물은 흐르면서 일 년 내내 시를 쓴다
- 강무른 흐르면서 일 년 내:내 시를 쓴다

바람 잘 날 없는 세상
- 바람 잘 날 엄:는 세:상

굽이마다 시 아니랴
- 구비마다 시 아니랴

긴 물길 두루마리에 바람으로 시를 쓴다
- 긴: 물낄 두루마리에 바라므로 시를 쓴다


낭떠러지 떨어지고 돌부리에 넘어진 길
- 낭떠러지 떠러지고 돌:뿌리에 너머진 길

부서진 뼛조각을 물비늘로 반짝이며
- 부서진 뼈(뼏)쪼가글 물비늘로 반짜기며

수평의 먼동을 찾아 휘어 내린 강의 생애
- 수평의(에) 먼:동을 차자 휘어 내린 강의(에) 생애

〉

온몸 흔들리는 갈대숲 한 아름 묶어

  – 온:몸 흔들리는 갈때숩 한 아름 무꺼

서사는 해서체로, 서정은 행서체로

  – 서:사는 해서체로, 서:정은 행서체로

시절이 하 수상하면 일필휘지 초서체다

  – 시저리 하 수상하면 일필휘지 초서체다


비 섞고 눈을 섞고 햇볕도 섞은 시편詩篇

  – 비 석꼬 누:늘 석꼬 해(핻)뼫또 서끈 시편

파고波高 높은 기쁨 슬픔

  – 파고 노픈 기쁨 슬픔

온몸으로 새겼어도

  – 온:모므로 새겨써도

세상은 시를 안 읽고 풍랑風浪이라 여긴다

  – 세:상은 시를 안 일꼬 풍낭이라 여긴다

# 21 이두의의 「벼락 맞은 박달나무」

## 벼락 맞은 박달나무 / 이두의

벼락 맞은 박달나무 집에 두면 좋다더라
생전에 아버지가 보내주신 차탁 앞에
차 한 잔 받쳐 들고서 옛일을 더듬는다

차 향기 흘러들어 골짜기를 이룰 때쯤
아슴아슴 유년의 뜰 홀연히 서성댄다
아버지 든든한 힘이던 누렁이 암소 모습

배불리 풀 먹이겠다 산으로 몰고 가서
진종일 박달나무에 고삐를 매어 놓고
산바람 문장만 읽다 옮겨 매기 아차! 놓쳐

새끼 밴 어미 소 배 홀쭉하게 꺼진 채
큰 눈만 껌뻑이며 오던 모습 불쌍해서

달밤에 텃밭의 배추 몰래 뽑아다 먹이던

그 소도 아버지도 내게서 멀어지고
결 진하고 촘촘한 차탁만 거실에 남아
시간을 불러 앉히고, 꿈도 불러 앉히고

– 이두의 시조집 『정글의 역학』 고요아침. 2020. 06. 24. 13쪽.


## [원본 또는 정본 확인 과정]
– 이두의 시조집 『정글의 역학』 고요아침. 2020년에서 원본을 확인하였다.


## [참고본 또는 이본]
참고본 또는 이본이 없다.


## [시인소개]
이두의 시인

출생 : 1962년 서울.

데뷔 : 2011년도 《시조시학》 신인상.

저서 : 시조집 『정글의 역학』.

## [시조의 이해]

벼락 맞은 나무로 도장을 만들거나 가구를 만들면 '액운을 물리친다' 하여 선조들은 벼락 맞은 나무를 재수 좋은 나무로 생각했다. 주로 도장이나 가구를 만들어 쓰는데 화자의 경우, 차탁으로 아버님께 선물을 받았나 보다. 어린 시절 소를 먹이며 놀던 시절과 아버지를 떠올리는 시구가 참 따뜻하다.

## [장·단음 연구]

〈장음〉

좋:다더라, 옛:일을, 몰:고, 진:종일, 매:기, 밴:, 배:추, 몰:래, 멀:어지고.

## [된소리, 거센소리, 예사소리]

〈된소리되기=경음화〉

박달나무-박딸라무, 먹이겠다-머기겓따, 산바람-산빠람, 달밤에-달빠메, 텃밭의-턷빠틔(테).

〈거센소리되기-격음화〉

좋다더라-조:타더라, 놓고-노코, 놓쳐-노처, 앉히고-안치고.

## [조사 '의'의 발음]

이 시조에는 아래와 같이 조사 '의'가 등장한다. 소유격 조사 '의'의 발음이 힘든 낭송가는 처소격 조사 '에'로 발음을 할 수 밖에 없겠으나 시낭송가에게 소유격 조사 '의'의 발음은 필수적으로 필요한 발음이다. 발

음 '의'가 원칙이고 '에'는 허용일 뿐임을 명심하자.


'아슴아슴 유년*의* 뜰 홀연히 서성댄다'
'달밤에 텃밭*의* 배추 몰래 뽑아다 먹이던'

## [띄어읽기와 끊어읽기]

초장, 중장은 대체적으로 구를 기준으로 띄어읽기를 하지만 종장의 경우는 첫음보를 띄어읽기하는 경우가 있다. 시조의 문장을 잘 파악하여 선택하기 바란다.

〈마지막 종장의 처리〉 -권유.


'차 한 잔 받쳐 들고서/ 옛일을/ 더듬는다'
'아버지 든든한 힘이던/ 누렁이 암소/ 모습'
'산바람/ 문장만 읽다/ 옮겨 매기/ 아차! 놓쳐'
'달밤에/ 텃밭의 배추/ 몰래 뽑아다/ 먹이던'
'시간을 불러 앉히고,/ 꿈도 불러/ 앉히고'

## [중요 낱말 및 시어 시구 풀이]

시조를 이해하기 어려운 시구나 시어가 없다.

# 벼락 맞은 박달나무 / 이두의

- 벼락 마즌 박딸라무 / 시조 이두의. 낭:송 ○○○.


벼락 맞은 박달나무 집에 두면 좋다더라
- 벼락 마즌 박딸라무 지베 두면 조:타더라
생전에 아버지가 보내주신 차탁 앞에
- 생저네 아버지가 보내주신 차탁 아페
차 한 잔 받쳐 들고서 옛일을 더듬는다
- 차 한 잔 받쳐 들고서 옌:니를 더듬는다


차 향기 흘러들어 골짜기를 이룰 때쯤
- 차 향기 흘러드러 골짜기를 이룰 때쯤
아슴아슴 유년의 뜰 홀연히 서성댄다
- 아스마슴 유녀늬(네) 뜰 호련히 서성댄다
아버지 든든한 힘이던 누렁이 암소 모습
- 아버지 든든한 히미던 누렁이 암소 모습


배불리 풀 먹이겠다 산으로 몰고 가서
- 배불리 풀 머기겓따 사느로 몰:고 가서
진종일 박달나무에 고삐를 매어 놓고

- 진 : 종일 박딸라무에 고삐를 매어 노코

산바람 문장만 읽다 옮겨 매기 아차! 놓쳐

- 산빠람 문장만 익다 옴겨 매:기 아차! 노처


새끼 밴 어미 소 배 홀쭉하게 꺼진 채

- 새끼 밴 : 어미 소 배 홀쭉하게 꺼진 채

큰 눈만 껌뻑이며 오던 모습 불쌍해서

- 큰 눈만 껌뻐기며 오던 모습 불쌍해서

달밤에 텃밭의 배추 몰래 뽑아다 먹이던

- 달빠메 턷빠틔(테) 배:추 몰:래 뽀바다 머기던


그 소도 아버지도 내게서 멀어지고

- 그 소도 아버지도 내게서 머:러지고

결 진하고 촘촘한 차탁만 거실에 남아

- 결 진하고 촘촘한 차탕만 거시레 나마

시간을 불러 앉히고, 꿈도 불러 앉히고

- 시가늘 불러 안치고, 꿈도 불러 안치고

# 22 나순옥의 「고목」

## 고목 / 나순옥

나이를 묻지 마라 자랑할 수 없게 됐다
물관부 체관부 심장 멎은 지 이미 오래
나이테 다 삭아내려 속이 텅 비었다

외롭냐고 묻지 마라 서러워서가 아니다
버겁질 사이사이 묻어있는 기억들
그 마저 지워져 버릴까 숨소리도 조심한다

무엇이 고통이냐 그것도 묻지 마라
고통이 있다는 것 그것은 곧 희망이다
꽉 막힌 길목에 갇히면 새로운 눈 트였지

희망이 끊겼느냐 물어보고 싶은 게냐
초록빛 꿈 아니어도 어둠을 뚫고나갈

별자리 마음에 앉혀 접신에 들고 있다

- 『현대시조 대표작』 알토란 북스, 2018년. 190쪽.

## [원본 또는 정본 확인 과정]
- 『현대시조 대표작』 알토란 북스에서 원본 확인하였다.

## [참고본 또는 이본]
참고본 또는 이본이 없다.

## [시인소개]
나순옥 시인

데뷔 : 1993년 《중앙일보》 신인문학상.

수상 : 1994년 《조선일보》 신춘문예 시조 당선.

저서 : 시집 『바람의 지문』 『석비에도 검버섯이』 『미호천 일기』

　　　『내게로 스며들어』 『시침을 밀고 가면』 외.

## [시조의 이해]
'고목'을 통해 우리의 삶을 관조한 시조다. 어느 시조보다 시어를 이끌어 가는 내공이 엿보인다. 비록 고목이 되었을지언정 그냥 썩어 내려앉지는 않겠다는 결의가 4수의 초·중·종장에 오롯하게 드러나 있다.

## [장·단음 연구]

〈장음〉

묻:지, 마:라, 없:게, 됐:다, 이:미, 다:, 속:이, 서:러워서가, 숨:소리도, 조:심한다, 별:자리.

## [된소리, 거센소리, 예사소리]

〈된소리되기=경음화〉

묻지-묻:찌, 자랑할 수-자랑할 수(쑤), 없게-업:께, 됐다-됃:따, 비었다-비얻따, 버겁질-버겁찔, 기억들-기억뜰, 숨소리도-숨:쏘리도, 그것도-그걷또, 있다는-읻따는, 트였지-트연찌, 초록빛-초록삗, 접신에-접씨네, 있다-읻따.

〈거센소리되기-격음화〉

막힌-마킨, 갇히면-가치면, 끊겼느냐-끈켠느냐, 뚫고나갈-뚤코나갈, 앉혀-안처.

## [조사 '의'의 발음]

이 시조에는 조사 '의'가 없다.

## [띄어읽기와 끊어읽기]

초장, 중장은 대체적으로 구를 기준으로 띄어읽기를 하지만 종장의 경우는 첫음보를 띄어읽기하는 경우가 있다. 시조의 문장을 잘 파악하여 선택하기 바란다.

〈마지막 종장의 처리〉 -권유.


    '나이테 다 삭아내려/ 속이/ 텅 비었다'
    '그 마저/ 지워져 버릴까/ 숨소리도/ 조심한다'
    '꽉 막힌/ 길목에 갇히면/ 새로운/ 눈 트였지'
    '별자리 마음에 앉혀/ 접신에/ 들고 있다'


## [중요 낱말 및 시어 시구 풀이]

고목(枯木) : 말라서 죽어 버린 나무.

고목(古木)[고:목] : 주로 키가 큰 나무로, 여러 해 자라 더 크지 않을 정
도로 오래된 나무.


## [낭송의 실제]


## 고목 / 나순옥

– 고목 / 시조 나순옥. 낭:송 ○○○.


    나이를 묻지 마라 자랑할 수 없게 됐다
    – 나이를 묻:찌 마:라 자랑할 수(쑤) 업:께 됄:따
    물관부 체관부 심장 멎은 지 이미 오래
    – 물관부 체관부 심장 머즌 지 이:미 오래
    나이테 다 삭아내려 속이 텅 비었다

- 나이테 다: 사가내려 소:기 텅 비얻따

외롭냐고 묻지 마라 서러워서가 아니다
- 외롬냐고 묻:찌 마:라 서:러워서가 아니다
버겁질 사이사이 묻어있는 기억들
- 버겁찔 사이사이 무더인는 기억뜰
그 마저 지워져 버릴까 숨소리도 조심한다
- 그 마저 지워저 버릴까 숨:쏘리도 조:심한다

무엇이 고통이냐 그것도 묻지 마라
- 무어시 고통이냐 그걷또 묻:찌 마:라
고통이 있다는 것 그것은 곧 희망이다
- 고통이 읻따는 걷 그거슨 곧 히망이다
꽉 막힌 길목에 갇히면 새로운 눈 트였지
- 꽉 마킨 길모게 가치면 새로운 눈 트열찌

희망이 끊겼느냐 물어보고 싶은 게냐
- 히망이 끈켠느냐 무러보고 시픈 게냐
초록빛 꿈 아니어도 어둠을 뚫고나갈
- 초록삗 꿈 아니어도 어두을 뚤코나갈
별자리 마음에 앉혀 접신에 들고 있다
- 별:자리 마으메 안처 접씨네 들고 읻따

# 23 김정의 「서운암 장독대」

## 서운암 장독대 / 김정

천 개의 짠맛들이 여기 와 다 담긴다
입 크게 벌린 장독 구름 한 점 찾아들고
삼삼한 진국이 되려고 숯이 간을 맞춘다

손가락 푹 찔러서 된장 맛 볼라치면
장경각 풍경 소리 고향 하늘 끌고 와서
구수한 어머니 손맛 함께 배게 하더라

밤이면 백자 달을 독에서 건져내어
등불로 들고 가다 산마루에 얹어두면
차가운 세상인심도 절로 데워 지더라

– 김정 시조집 『이야기 빨래방』. 책만드는집. 2023. 07. 25. 15쪽.

## [원본 또는 정본 확인 과정]

- 김정 시조집 『이야기 빨래방』 책만드는집. 2023년에서 원본을 확인하였다.

## [참고본 또는 이본]

참고본 또는 이본이 없다.

## [시인소개]

김정 시인

출생 : 경북 안동시

데뷔 : 2004년 《현대시조》 신인상

수상 : 을숙도 문학상, (사)부산여성문학상, 부산시조작품상.

저서 : 시조집 『맨발로 온 여름』 『장미꽃 엄마』 『이야기 빨래방』 외

## [시조의 이해]

사찰 여행을 하다 보면 사찰 뜰을 가득 채운 장독대를 만난다. 절에 머무는 스님들은 몇 안 되는데 '저렇게 많은 장독이 필요할까?'라는 의문이 들기도 하지만 그만큼 불자들이 많이 머물기도 하지만 큰 행사 때 공양을 준비하는 과정이라 생각된다. 그 장독이 익어가는 풍경을 '구수한 어머니 손맛 함께 배게 하더라' '차가운 세상인심도 절로 데워 지더라'라는 2수·3수의 종장에서 잘 표현하고 있다.

## [장·단음 연구]

〈장음〉

장:독대, 다:, 벌:린, 장:독, 된:장, 끌:고, 배:게, 세:상인심도.

## [된소리, 거센소리, 예사소리]

〈된소리되기=경음화〉

장독대-장 : 똑때, 짠맛들이-짠맏뜨리, 장독-장 : 똑, 손가락-손까락, 백자-백짜, 등불로-등뿔로.

## [조사 '의'의 발음]

이 시조에는 아래와 같이 조사 '의'가 등장한다. 소유격 조사 '의'의 발음이 힘든 낭송가는 처소격 조사 '에'로 발음을 할 수 밖에 없겠으나 시낭송가에게 소유격 조사 '의'의 발음은 필수적으로 필요한 발음이다. 발음 '의'가 원칙이고 '에'는 허용일 뿐임을 명심하자.


'천 개의 짠맛들이 여기 와 다 담긴다'


## [띄어읽기와 끊어읽기]

초장, 중장은 대체적으로 구를 기준으로 띄어읽기를 하지만 종장의 경우는 첫음보를 띄어읽기하는 경우가 있다. 시조의 문장을 잘 파악하여 선택하기 바란다.

〈마지막 종장의 처리〉-권유.

'삼삼한/ 진국이 되려고/ 숯이 간을/ 맞춘다'

'구수한 어머니 손맛 /함께 배게/ 하더라'

'차가운 세상인심도/ 절로 데워/ 지더라'

## [중요 낱말 및 시어 시구 풀이]

이해하지 못할 시어나 시구가 없다.

## [낭송의 실제]

# 서운암 장독대 / 김정

– 서우남 장ː똑때 / 시조 김정. 낭ː송 ○○○.


천 개의 짠맛들이 여기 와 다 담긴다

  – 천 개의(에) 짠맏뜨리 여기 와 다ː 담긴다

입 크게 벌린 장독 구름 한 점 찾아들고

  – 입 크게 벌ː린 장ː똑 구름 한 점 차자들고

삼삼한 진국이 되려고 숯이 간을 맞춘다

  – 삼삼한 진구기 되려고 수치 가늘 맏춘다


손가락 푹 찔러서 된장 맛 볼라치면

  – 손까락 푹 찔러서 된(뒌)ː장 맏 볼라치면

장경각 풍경 소리 고향 하늘 끌고 와서

– 장경각 풍경 소리 고향 하늘 끌:고 와서

구수한 어머니 손맛 함께 배게 하더라

– 구수한 어머니 손맏 함께 배:게 하더라


밤이면 백자 달을 독에서 건져내어

– 바미면 백짜 다를 도게서 건져내어

등불로 들고 가다 산마루에 얹어두면

– 등뿔로 들고 가다 산마루에 언저두면

차가운 세상인심도 절로 데워 지더라

– 차가운 세:상인심도 절로 데워 지더라

# 24 정형석의 「영강에서 11」

## 영강에서 11 / 정형석

행여나 바람 불면 날려 오지 않을 라나
어쩌면 구름 속에 묻혀 올지 혹여, 몰라
진달래
구불텅한 산길
펄펄 끓고 있는데

작달비 질펀하게 쏟아지는 당堂재 마루
통곡도 다 못하는 꽁지 빠진 외쑥국새
선 가슴
까맣게 타서
푸석푸석 밟히는데

갈대꽃 하늘 갓을 우련하게 일렁대면
뒤척이는 영강물도 거친 숨 잦으려나

올단풍

장薔처럼 붉어

저리 설쳐 되는데


사흘낮밤 내리붓는 두 손 놓은 분분 설원

고추당초 엄동설한 돌아갈 날 멀었는가

언 가슴

홍매화로 피워

하염없이 기다리는데


- 정형석 시조집 『영강의 사계』 알토란북스. 2024년. 26쪽


## [원본 또는 정본 확인 과정]

- 정형석 시조집 『영강의 사계』 알토란북스를 시인에게 받아 원본을 확인하였다.

## [참고본 또는 이본]

참고본 또는 이본이 없다.

정형석 시인

출생 : 1960년 경북 문경.

데뷔 : 2004년《시조문학》시조 당선 등단

수상 : 2015년 나래시조 문학상

저서 : 시조집『영강의 사계』

## [시조의 이해]

　영강은 경북 문경에 흐르고 있는 낙동강 원류이다. 영강 사계를 노래하는 연작시다.

## [장·단음 연구]

〈장음〉

영:강에서, 행:여나, 불:면, 속:에, 몰:라, 통:곡도, 다:, 못:하는, 빠:진, 까:맣게, 영:강물도, 숨:, 두:, 멀:었는가, 언:.

## [된소리, 거센소리, 예사소리]

〈된소리되기=경음화〉

올지-올찌, 산길-산낄, 작달비-작딸비, 통곡도-통:곡또, 외쑥국새-외쑥꾹쌔, 갈대꽃-갈때꼳, 하염없이-하여업씨.

〈거센소리되기-격음화〉

묻혀-무처, 끊고-끌코, 못하는-모:타는, 까맣게-까:마케, 밟히는데-발피는데.

## [조사 '의'의 발음]

이 시조에는 조사 '의'가 없다.

## [띄어읽기와 끊어읽기]

초장, 중장은 대체적으로 구를 기준으로 띄어읽기를 하지만 종장의 경우는 첫음보를 띄어읽기하는 경우가 있다. 시조의 문장을 잘 파악하여 선택하기 바란다.

〈마지막 종장의 처리〉 -권유.

시인이 배열 방법을 정해 주어 표기된 방법에 따라 낭송하면 된다.

## [중요 낱말 및 시어 시구 풀이]

**작달비** : 굵직하고 거세게 좍좍 쏟아지는 비.

**고추당초** : 고추와 당초. 고추와 당초처럼 매우 춥고 매운 겨울을 뜻함.

## [낭송의 실제]

## 영강에서 11 / 정형석

– 영:강에서 시빌 / 시조 정형석. 낭:송 ○○○.

행여나 바람 불면 날려 오지 않을 라나

– 행:여나 바람 불:면 날려 오지 아늘 라나

어쩌면 구름 속에 묻혀 올지 혹여, 몰라

– 어쩌면 구름 소:게 *무처* 올찌 호겨, 몰:라

진달래

– 진달래

구불텅한 산길

– 구불텅한 산낄

펄펄 끓고 있는데

– 펄펄 *끌코* 인는데


작달비 질펀하게 쏟아지는 당堂재 마루

– *작딸비* 질펀하게 쏘다지는 당재 마루

통곡도 다 못하는 꽁지 빠진 외쑥국새

– 통:곡또 다: 모:타는 꽁지 빠:진 외쑥꾹쌔

선 가슴

– 선 가슴

까맣게 타서

– *까:마케* 타서

푸석푸석 밟히는데

– 푸석푸석 발피는데

〉

갈대꽃 하늘 갓을 우련하게 일렁대면

– 갈때꼳 하늘 가슬 우런하게 일렁대면

뒤척이는 영강물도 거친 숨 잦으려나

– 뒤처기는 영:강물도 거친 숨: 자즈려나

올단풍

– 올단풍

장薔처럼 붉어

– 장처럼 불거

저리 설쳐 되는데

– 저리 설처 되는데


사흘낮밤 내리붓는 두 손 놓은 분분 설원

– 사흘낟밤 내리분는 두: 손 노은 분분 서뤈

고추당초 엄동설한 돌아갈 날 멀었는가

– 고추당초 엄동설한 도라갈 날 머:럳는가

언 가슴

– 언: 가슴

홍매화로 피워

– 홍매화로 피워

하염없이 기다리는데

– 하여멉씨 기다리는데

199

# 25 김금만의 「아바이 삽화」

## 아바이마을 삽화 / 김금만

왠지 여기 오면 눈물 글썽거릴 듯
고향은 눈앞인데 돌아도 갈 수 없는
억새꽃 피고 또 피고 예순 해를 넘었네

갯배로는 갈 수 없는 몇 뼘의 거리 저쪽
아는지 모르는지 들풀은 자라나고
저만치 빨간 조형물 등댓불만 깜빡여

봄 오니 할미꽃은 지팡이 짚고 나와
피붙이 만나질까 바람결에 날린 은발
올해도 빠지지 않고 쑥덕이는 뻐꾸기

비에 젖은 표지석 살아생전 못 가선지
오늘도 북녘 향해 망부석 되어 있다

저 멀리 뱃고동 소리 안부라도 물었으면

- 김금만 시조집 『시詩의 집을 짓다』 한강. 2024. 10. 25. 31쪽.


## [원본 또는 정본 확인 과정]

-김금만 시조집 『시詩의 집을 짓다』 한강. 2024년에서 원본을 확인하였다.


## [참고본 또는 이본]

참고본 또는 이본이 없다.


## [시인소개]

김금만 시인

**출생** : 전북 군산.

**데뷔** : 2018년《월간문학》신인상.

**수상** : 외솔시조 신인상, 하나문학상, 울산문화재단 창작 장려금.

**저서** : 시조집 『뫼비우스 띠』 『간절곶 아침』 『시의 집을 짓다』.


## [시조의 이해]

　'왠지 여기 오면 눈물 글썽거릴 듯'한 실향민들이 모여 사는 마을의 애환을 그린 시조다.

## [발음 연구]

삽화-[사꽈]

피붙이-[피부치]

## [장·단음 연구]

〈장음〉

없:는, 억:새꽃, 아:는지, 모:르는지, 들:풀은, 빨:간, 빠:지지, 못:, 향:해,
망:부석, 멀:리.

## [된소리, 거센소리, 예사소리]

〈된소리되기=경음화〉

갈 수-갈 수(쑤), 억새꽃-억 : 쌔꼳, 갯배로는-갣빼로는,  갈 수-갈 수(
쑤), 등댓불만-등대(댇)뿔만, 짚고-집꼬, 바람결에-바람껴레, 쑥덕이는-
쑥떠기는, 있다-읻따, 뱃고동-배(밷)꼬동.

〈거센소리되기-격음화〉

삽화-사꽈, 피붙이-피부치, 않고-안코.

## [조사 '의'의 발음]

　이 시조에는 아래와 같이 조사 '의'가 등장한다. 소유격 조사 '의'의 발
음이 힘든 낭송가는 처소격 조사 '에'로 발음을 할 수 밖에 없겠으나 시
낭송가에게 소유격 조사 '의'의 발음은 필수적으로 필요한 발음이다. 발
음 '의'가 원칙이고 '에'는 허용일 뿐임을 명심하자.

'몇 뼘*의* 거리 저쪽'

## [띄어읽기와 끊어읽기]

초장, 중장은 대체적으로 구를 기준으로 띄어읽기를 하지만 종장의 경우는 첫음보를 띄어읽기하는 경우가 있다. 시조의 문장을 잘 파악하여 선택하기 바란다.

〈마지막 종장의 처리〉 -권유.

'억새꽃 피고 또 피고/ 예순 해를/ 넘었네'

'저만치 /빨간 조형물/ 등댓불만/ 깜빡여'

'올해도 빠지지 않고/ 쑥덕이는/ 뻐꾸기'

'저 멀리/ 뱃고동 소리/ 안부라도/ 물었으면'

## [중요 낱말 및 시어 시구 풀이]

**아바이 마을** : 속초시 청호동에 위치한 실향민 집단촌으로, 속칭[아바이촌], [함경도 아바이집단촌]이라고도 한다. 아바이마을은 1951년 한국군과 함께 남하한 함경도 출신 실향민들이 집단촌을 만들게 된 것이 시작이었는데, 아바이는 함경도 사투리로 할아버지와 같이 친근하고 나이가 지긋한 남자를 뜻한다.

**갯배** : 갯가에서 물을 건너기 위하여 만든 작은 배.

## 아바이마을 삽화 / 김금만

– 아바이마을 사퐈 / 시조 김금만. 낭:송 ○○○.


왠지 여기 오면 눈물 글썽거릴 듯

– 왠지 여기 오면 눈물 글썽거릴 듣

고향은 눈앞인데 돌아도 갈 수 없는

– 고향은 누나핀데 도라도 갈 수(쑤) 엄:는

억새꽃 피고 또 피고 예순 해를 넘었네

– 억:쌔꼳 피고 또 피고 예순 해를 너먼네


갯배로는 갈 수 없는 몇 뼘의 거리 저쪽

– 걛빼로는 갈 수(쑤) 엄:는 멷 뼈:믜(메) 거리 저쪽

아는지 모르는지 들풀은 자라나고

– 아:는지 모:르는지 들:푸른 자라나고

저만치 빨간 조형물 등댓불만 깜빡여

– 저만치 빨:간 조형물 등대(댇)뿔만 깜빠겨


봄 오니 할미꽃은 지팡이 짚고 나와

– 봄 오니 할미꼬츤 지팡이 집꼬 나와

피붙이 만나질까 바람결에 날린 은발

     – 피부치 만나질까 바람껴레 날린 은발

올해도 빠지지 않고 쑥덕이는 뻐꾸기

     – 올해도 빠:지지 안코 쑥떠기는 뻐꾸기


비에 젖은 표지석 살아생전 못 가선지

     – 비에 저즌 표지석 사라생전 몯: 가선지

오늘도 북녘 향해 망부석 되어 있다

     – 오늘도 붕녁 향:해 망:부석 되어 읻따

저 멀리 뱃고동 소리 안부라도 물었으면

     – 저 멀:리 배(밷)꼬동 소리 안부라도 무러쓰면

# 26 김민정의 「오월의 그늘」

## 오월의 그늘 / 김민정

초극의 참상 앞에 6.25가 떠오른다
피붙이 목숨에는 눈물도 피가 된다
화면을 빠져나오는 저 포탄의 몸부림

인간의 존엄성이 실종된 지금 여기
죽음을 코앞에 둔 삶의 경계에서
막막한 평화의 주소 어디에서 찾을까

마음의 지뢰밭을 온종일 걷고 있다
생의 한가운데 터널처럼 깜깜하다
정지된 우크라이나 울음이 된 강이다

고요를 뒤흔드는 침묵만이 서러운 날
피멍 든 오월에도 물오르는 초록처럼

간절히 너를 부른다 예전처럼 웃자꾸나


– 김민정 시조집 『펄펄펄, 꽃잎』 月刊文學. 2023.5.11. 31쪽.


## [원본 또는 정본 확인 과정]

– 김민정 시조집 『펄펄펄, 꽃잎』 月刊文學. 2023년에서 원본 확인.

## [참고본 또는 이본]

참고본 또는 이본이 없다.

## [시인소개]

김민정 시인

**데뷔** : 1985년 《시조문학》 창간25주년 지상백일장 장원 등단

**수상** : 나래시조문학상, 시조시학상, 선사문학상 외 다수

**저서** : 시조집 『나 여기에 눈을 뜨네』 『지상의 꿈』 『사랑하고 싶던 날』

『영동선의 긴 봄날』 『백악기 붉은 기침』 『바다열차』 외 다수.

## [시조의 이해]

우크라이나 전쟁에서 우리의 6·25를 떠올리며 화자는 전쟁의 참상
을 이야기한다.

## [장·단음 연구]

〈장음〉

화:면을, 빠:져나오는, 삶:의, 경:계에서, 온:종일, 걷:고, 서:러운, 오:월에

도, 간:절히, 예:전처럼, 웃:자꾸나.

## [된소리, 거센소리, 예사소리]

〈된소리되기=경음화〉

목숨에는-목쑤메는, 존엄성이-조넘썽이, 실종된-실쫑된, 걷고-걷:꼬,

있다-읻따, 웃자꾸나-욷:짜꾸나.

〈거센소리되기-격음화〉

막막한-망마칸.

## [조사 '의'의 발음]

　이 시조에는 아래와 같이 조사 '의'가 등장한다. 소유격 조사 '의'의 발음이 힘든 낭송가는 처소격 조사 '에'로 발음을 할 수 밖에 없겠으나 시 낭송가에게 소유격 조사 '의'의 발음은 필수적으로 필요한 발음이다. 발음 '의'가 원칙이고 '에'는 허용일 뿐임을 명심하자.


　'오월의 그늘'

　'초극의 참상 앞에 6.25가 떠오른다'

　'화면을 빠져나오는 저 포탄의 몸부림'

　'인간의 존엄성이 실종된 지금 여기'

'죽음을 코앞에 둔 삶의 경계에서'

'막막한 평화의 주소 어디에서 찾을까'

'마음의 지뢰밭을 온종일 걷고 있다'

'생의 한가운데 터널처럼 깜깜하다'

## [띄어읽기와 끊어읽기]

초장, 중장은 대체적으로 구를 기준으로 띄어읽기를 하지만 종장의 경우는 첫음보를 띄어읽기하는 경우가 있다. 시조의 문장을 잘 파악하여 선택하기 바란다.

〈마지막 종장의 처리〉 -권유.


'화면을 빠져나오는/ 저 포탄의/ 몸부림'

'막막한/ 평화의 주소/ 어디에서 찾을까'

'정지된/ 우크라이나/ 울음이 된/ 강이다'

'간절히 너를 부른다/ 예전처럼/ 웃자꾸나'


## [중요 낱말 및 시어 시구 풀이]

이해하지 못할 시어나 시구가 없다.

## [낭송의 실제]

### 오월의 그늘 / 김민정

- 오:워리 그늘 / 시조 김민정. 낭:송 ○○○.


초극의 참상 앞에 6.25가 떠오른다

- 초그긔(게) 참상 아페 유기오가 떠오른다

피붙이 목숨에는 눈물도 피가 된다

- 피부치 목쑤메는 눈물도 피가 된다

화면을 빠져나오는 저 포탄의 몸부림

- 화:며늘 빠:저나오는 저 포타늬(네) 몸부림


인간의 존엄성이 실종된 지금 여기

- 인가늬(네) 조넘썽이 실쫑된 지금 여기

죽음을 코앞에 둔 삶의 경계에서

- 주그믈 코아페 둔 살:믜(메) 경:계(게)에서

막막한 평화의 주소 어디에서 찾을까

- 망마칸 평화의(에) 주:소 어디에서 차즐까


마음의 지뢰밭을 온종일 걷고 있다

- 마으믜(메) 지뢰바틀 온:종일 걷:꼬 읻따

생의 한가운데 터널처럼 깜깜하다

– 생의(에) 한가운데 터널처럼 깜깜하다
정지된 우크라이나 울음이 된 강이다
– 정지된 우크라이나 우르미 된 강이다


고요를 뒤흔드는 침묵만이 서러운 날
– 고요를 뒤흔드는 침뭉마니 서:러운 날
피멍 든 오월에도 물오르는 초록처럼
– 피멍 든 오:워레도 물오르는 초록처럼
간절히 너를 부른다 예전처럼 웃자꾸나
– 간:절히 너를 부른다 예:전처럼 욷:짜꾸나

# 27 류현서의 「인동초」

## 인동초 / 류현서

새순 하나 틔우려고 딛고 선 모진 겨울
죽은 듯 마른 줄기 생각만은 꼿꼿 살아
벼랑 끝 틈새 붙잡고서 금은화가 필 날을

하고픈 말 많았어도 꾹꾹 눌러 삼킨 설움
참나무 등걸 같은 굵어진 손마디로
오로지 하늘만 섬겨 한 세월 갈아엎었다

정이란 내리사랑 넝쿨넝쿨 뻗어가서
저것 봐 눈빛 데울 등불을 밝히잖니
날 세운 갈바람 다시 귀에 윙윙거려도

산다는 건 아무래도 한 페이지 신문인 걸
때로는 고뇌하고 때로는 웃음 짓고

한 줄기 햇살 속으로 꽃향기가 퍼져간다


-『현대시조 대표작 』 알토란 북스, 2018년. 201쪽.


## [원본 또는 정본 확인 과정]
-『현대시조 대표작』 '알토란 북스'에서 원본 확인하였다.

## [참고본 또는 이본]
참고본 또는 이본이 없다.

## [시인소개]
**류현서 시인**

**데뷔** : 2012년 울산문학 신인상.

**수상** : 2019년 울산시조 작품상

**저서** : 시조집『태화강을 거닐며』『흘림체로 읽는 바다』수필집『지워지지 않는 무늬』외.

## [시조의 이해]
인동초의 강인함을 이야기하면서 우리도 인동초를 본받자고 말하고 있다.

## [장·단음 연구]

〈장음〉

딛:고, 모:진, 말:, 많:았어도, 설:움, 굵:어진, 오:로지, 세:월, 봐:, 갈:바람,
산:다는, 아:무래도, 짙:고, 속:으로, 펴:져간다.

## [된소리, 거센소리, 예사소리]

〈된소리되기=경음화〉

딛고-딛:꼬, 붙잡고서-붇짭꼬서, 갈아엎었다-가라어펀따, 눈빛-눈삗,
등불을-등뿌를, 갈바람-갈:빠람, 짙고-짙:꼬, 햇살-해(핻)쌀.

〈거센소리되기-격음화〉

밝히잖니-발키잔니, 꽃향기가-꼬턍기가.

## [조사 '의'의 발음]

이 시조에는 조사 '의'가 없다.

## [띄어읽기와 끊어읽기]

초장, 중장은 대체적으로 구를 기준으로 띄어읽기를 하지만 종장의
경우는 첫음보를 띄어읽기하는 경우가 있다. 시조의 문장을 잘 파악하
여 선택하기 바란다.

〈마지막 종장의 처리〉-권유.

'벼랑 끝 틈새 붙잡고서/ 금은화가 필 날을'

'오로지/ 하늘만 섬겨/ 한 세월 갈아엎었다'
'날 세운/ 갈바람 다시/ 귀에 윙윙거려도'
'한 줄기 햇살 속으로/ 꽃향기가/ 퍼져간다'

## [중요 낱말 및 시어 시구 풀이]
이해하기 어려운 시어나 시구가 없다.


## [낭송의 실제]


### 인동초 / 류현서
– 인동초 / 시조 류현서. 낭ː송 ○○○.


새순 하나 틔우려고 딛고 선 모진 겨울
– 새순 하나 티우려고 딛ː꼬 선 모ː진 겨울
죽은 듯 마른 줄기 생각만은 꼿꼿 살아
– 주근 듣 마른 줄기 생강마는 꼳꼳 사라
벼랑 끝 틈새 붙잡고서 금은화가 필 날을
– 벼랑 끋 틈새 붇짭꼬서 그은화가 필 나를


하고픈 말 많았어도 꾹꾹 눌러 삼킨 설움
– 하고픈 말ː 마ː나써도 꾹꾹 눌러 삼킨 서ː룸

참나무 등걸 같은 굵어진 손마디로

- 참나무 등걸 가튼 굴:거진 손마디로

오로지 하늘만 섬겨 한 세월 갈아엎었다

- 오:로지 하늘만 섬겨 한 세:월 가라어펻따


정이란 내리사랑 넝쿨넝쿨 뻗어가서

- 정이란 내리사랑 넝쿨넝쿨 뻐더가서

저것 봐 눈빛 데울 등불을 밝히잖니

- 저걷 봐: 눈삗 데울 등뿔를 발키잔니

날 세운 갈바람 다시 귀에 윙윙거려도

- 날 세운 갈:빠람 다시 귀에 윙윙거려도


산다는 건 아무래도 한 페이지 신문인 걸

- 산:다는 건 아:무래도 한 페이지 신무닌 걸

때로는 고뇌하고 때로는 웃음 짓고

- 때로는 고뇌하고 때로는 우슴 짇:꼬

한 줄기 햇살 속으로 꽃향기가 퍼져간다

- 한 줄기 해(핻)쌀 소:그로 꼳턍기가 퍼:저간다

# 28 박수근의 「역」

## 역 / 박수근

첫닭이 울기도 전 선잠 깬 햇병아리
시작이 절반이라 첫 단추도 잘 꿰고
징검돌 두들겨가며 첫 발짝 뗀 시발역

추월선이 따로 없다 고고싱을 외치며
오매불망 오아시스 어딘 줄도 모르고
광속도 질주 본능에 스쳐 지난 간이역

시시때때 바뀌는 카멜레온 권속인지
이래보면 이게 좋고 저래보면 저게 맞아
자의 반 타의 반으로 갈아탔던 환승역

종종걸음 발싸심에 이왕 나선 여정 길
들창문 비집은 해 이제 겨우 중천이면

종착역 다음 역까지 소걸음도 괜찮다

– 《정형시학》 2023년 가을호 / 《나래시조》 2023년 겨울호 162쪽.


## [원본 또는 정본 확인 과정]
– 《나래시조》 2023년 겨울호 162쪽 지난 계절 좋은 시조에서 확인하였
다.


## [참고본 또는 이본]
참고본 또는 이본이 없다.


## [시인소개]
박수근 시인

출생 : 경남 함안

데뷔 : 2017년 경상일보 신춘문예 당선

소속 : 오늘의 시조시인협회 회원

수상 : 2014년 중앙일보 중앙시조백일장 월 장원


## [시조의 이해]
'역'은 시발점이고 '종착점'이다. 중간에서 '환승'을 하기도 한다. 우리의
삶 또한 '역'과 다르지 않지 않은가.

## [장·단음 연구]

〈장음〉

울:기도, 선:잠, 깬:, 시:작이, 꿰:고, 뗀:, 시:발역, 없:다, 모:르고, 간:이역, 권:속인지, 좋:고, 반:, 반:으로, 환:승역, 이:왕, 비:집은.

## [된소리, 거센소리, 예사소리]

〈된소리되기=경음화〉

첫닭이-첟딸기, 햇병아리-핻뼝아리, 징검돌-징검똘, 없다-업 : 따, 광속도-광속또, 질주-질쭈, 갈아탔던-가라탇떤.

〈거센소리되기-격음화〉

좋고-조 : 코, 괜찮다-괜찬타.

## [조사 '의'의 발음]

이 시조에는 조사 '의'가 없다.

## [띄어읽기와 끊어읽기]

초장, 중장은 대체적으로 구를 기준으로 띄어읽기를 하지만 종장의 경우는 첫음보를 띄어읽기하는 경우가 있다. 시조의 문장을 잘 파악하여 선택하기 바란다.

〈마지막 종장의 처리〉 -권유.

'징검돌 두들겨가며/ 첫 발짝 뗀/ 시발역'

'광속도/ 질주 본능에/ 스쳐 지난/ 간이역'

'자의 반/ 타의 반으로/ 갈아탔던/ 환승역'

'종착역/ 다음 역까지/ 소걸음도/ 괜찮다'

## [중요 낱말 및 시어 시구 풀이]

발싸심 : 어떤 일을 하고 싶어서 애를 쓰며 들먹거림.

## [낭송의 실제]

## 역 / 박수근

– 역 / 시조 박수근. 낭 : 송 ○○○.

첫닭이 울기도 전 선잠 깬 햇병아리

– 첟딸기 울 : 기도 전 선 : 잠 깬 :  핻뼝아리

시작이 절반이라 첫 단추도 잘 꿰고

– 시 : 자기 절바니라 첟 단추도 잘 꿰 : 고

징검돌 두들겨가며 첫 발짝 뗀 시발역

– 징검똘 두들겨가며 첟 발짝 뗀 :  시 : 발력

추월선이 따로 없다 고고싱을 외치며

– 추월서니 따로 업 : 따 고고싱을 외치며

오매불망 오아시스 어딘 줄도 모르고

- 오매불망 오아시스 어딘 줄도 모:르고

광속도 질주 본능에 스쳐 지난 간이역

- 광속또 질쭈 본능에 스쳐 지난 가:니역


시시때때 바뀌는 카멜레온 권속인지

- 시시때때 바뀌는 카멜레온 권:소긴지

이래보면 이게 좋고 저래보면 저게 맞아

- 이래보면 이게 조:코 저래보면 저게 마자

자의 반 타의 반으로 갈아탔던 환승역

- 자의(이) 반: 타의(이) 바:느로 가라탇떤 환:승녁


종종걸음 발싸심에 이왕 나선 여정 길

- 종종거름 발싸시메 이:왕 나선 여정 길

들창문 비집은 해 이제 겨우 중천이면

- 들창문 비:지븐 해 이제 겨우 중처니면

종착역 다음 역까지 소걸음도 괜찮다

- 종창녁 다음 역까지 소거름도 괜찬타

## 29 고성기의 「섬에는」


섬에는 / 고성기


이 섬에선 어딜 가나
기다림만 모여 산다


도항선 타고 오는 아들을 기다리고 낚시 간 남편의 돌돔을 기다리고
소라 해삼 잡으려고 썰물을 기다린다 아 오늘은 딸 사위가 오는 날 전복
의 외출을 기다린다 왜 기다림은 매일 짤까


섬에선
아무리 둘러봐도
기다림밖에 없다


이 섬에는 어딜 가나
그리움만 널려있다
〉

유채꽃밭에 떨어진 사연도 줍고 책상 앞 흑백 사진에 아버지도 웃고 있고 별이 떨어진 숲길에는 속삭임도 잠들어 있다 아직도 오지 않는 그 사람 오늘은 밉지 않다

이 섬엔

그리움도 짜다

보고 싶을수록 더 짜다

– 계간《시조시학》2025, 여름호

## [원본 또는 정본 확인 과정]

– 계간 시조전문지《시조시학》2025년 여름호에서 확인하였다.

## [참고본 또는 이본]

참고본 또는 이본이 없다.

## [시인소개]

고성기 시인

**출생** : 1950년 제주도 한림.

**데뷔** : 1987년《시조문학》등단.

**수상** : 동백 예술문화상, 제주특별자치도 예술인상, 제주문학상 수상.

저서 : 시집『섬을 떠나야 섬이 보입니다』『가슴에 닿으면 현악기로 떠는 바다』『시인의 얼굴』『섬에 있어도 섬이 보입니다』『이제 다리를 놓을 시간』. 산문집『내 마음의 연못』외.

## [시조의 이해]

이 시조에는 '섬'이라고만 되어 있고 무슨 섬인지는 명시가 되어 있지 않다. 문득 방문하게 된 어느 섬의 모습일 수 있다. 바다로 나간 아들이나 남편을 기다리는 일은 왜 그리 짧을까?

## [장·단음 연구]

〈장음〉

섬:에는, 섬:에선, 산:다, 돌:돔을, 해:삼, 외:출을, 왜:, 매:일, 아:무리, 없:다, 사:연, 줍:고, 웃:고, 별:이, 사:람, 섬:엔.

## [된소리, 거센소리, 예사소리]

〈된소리되기=경음화〉

낚시-낙씨, 없다-업:따, 널려있다-널려읻따, 유채꽃밭에-유채꼳빠테, 줍고-줍:꼬, 책상-책쌍, 흑백-흑빽, 웃고-욷:꼬, 있고-읻꼬, 숲길에는-숩끼레는, 속삭임도-속싸김도, 있다-읻따, 아직도-아직또, 밉지-밉찌.

## [조사 '의'의 발음]

이 시조에는 아래와 같이 조사 '의'가 등장한다. 소유격 조사 '의'의 발음이 힘든 낭송가는 처소격 조사 '에'로 발음을 할 수 밖에 없겠으나 시 낭송가에게 소유격 조사 '의'의 발음은 필수적으로 필요한 발음이다. 발음 '의'가 원칙이고 '에'는 허용일 뿐임을 명심하자.

'낚시 간 남편의 돌돔을 기다리고'
'전복의 외출을 기다린다'

## [띄어읽기와 끊어읽기]

초장, 중장은 대체적으로 구를 기준으로 띄어읽기를 하지만 종장의 경우는 첫음보를 띄어읽기하는 경우가 있다. 시조의 문장을 잘 파악하여 선택하기 바란다.
〈마지막 종장의 처리〉-권유.
시인이 낭송에 편리하게 배열 처리하여 표기된 배열대로 낭송한다.

## [중요 낱말 및 시어 시구 풀이]

도항선 : 국어사전에도 백과사전에도 없는 단어이다.
도항(渡航) : 「명사」 배를 타고 바다를 건넘.
선(船) : 「접사」 '배'의 뜻을 더하는 접미사.

## [낭송의 실제]

### 섬에는 / 고성기

– 서:메는 / 시조 고성기. 낭:송 ○○○.


이 섬에선 어딜 가나

– 이 서:메선 어딜 가나

기다림만 모여 산다

– 기다림만 모여 산:다


도항선 타고 오는 아들을 기다리고 낚시 간 남편의 돌돔을 기다리고 소라 해삼 잡으려고 썰물을 기다린다 아 오늘은 딸 사위가 오는 날 전복의 외출을 기다린다 왜 기다림은 매일 짧까

– 도항선 타고 오는 아드를 기다리고 낙씨 간 남펴늬(네) 돌:도믈 기다리고 소라 해:삼 자브려고 썰무를 기다린다 아 오느른 딸 사위가 오는 날 전보긔(게) 외:추를 기다린다 왜: 기다림은 매:일 짤까


섬에선

– 서:메선

아무리 둘러봐도

– 아:무리 둘러봐도

기다림밖에 없다

– 기다림바껜 업:따

이 섬에는 어딜 가나

– 이 서:메는 어딜 가나

그리움만 널려있다

– 그리움만 널려읻따


유채꽃밭에 떨어진 사연도 줍고 책상 앞 흑백 사진에 아버지도 웃고 있고 별이 떨어진 숲길에는 속삭임도 잠들어 있다 아직도 오지 않는 그 사람 오늘은 밉지 않다

– 유채꼳빠테 떠러진 사:연도 줍:꼬 책쌍 압 흑백 사지네 아버지도 욷:꼬 읻꼬 벼:리 떠러진 숩끼레는 속싸김도 잠드러 읻따 아직 또 오지 안는 그 사:람 오느른 밉찌 *안타*


이 섬엔

– 이 서:멘

그리움도 짜다

– 그리움도 짜다

보고 싶을수록 더 짜다

– 보고 시플쑤록 더 짜다

# 30 이종문의 「아버지가 서 계시네」

## 아버지가 서 계시네 / 이종문

순애야~ 날 부르는 쩌렁쩌렁 고함 소리
무심코 내다보니 대운동장 한복판에
쌀 한 말 짊어지시고 아버지가 서 계셨다

어구야꾸 쏟아지는 싸락눈을 맞으시며
새끼대이 멜빵으로 쌀 한 말 짊어지고
순애야~ 순애 어딨노? 외치시는 것이었다

너무도 황당하고 또 하도나 부끄러워
모른 척 엎드렸는데 드르륵 문을 열고
쌀 한 말 지신 아버지 우리 반에 나타났다

순애야, 니는 대체 대답을 와 안 하노?
대구에 오는 김에 쌀 한 말 지고 왔다

이 쌀밥 묵은 힘으로 더 열심히 공부해래


하시던 그 아버지 무덤 속에 계시는데
싸락눈 내리시네, 흰 쌀밥 같은 눈이,
쌀 한 말 짊어지시고 아버지가 서 계시네

- 이종문 시조집『아버지가 서 계시네』(황금알 2쇄 발행 2017년 4월 19일)

  P.54


## [원본 또는 정본 확인과정]

이종문 시조집『아버지가 서 계시네』(황금알, 2017)에서 발췌하였다.

## [참고본 또는 이본]

참고본 또는 이본은 생략한다.

## [시인소개]

이종문 시인

**출생** : 경북 영천.

**데뷔** : 1993년《경향신문》신춘문예 당선.

**경력** : 계명대 한문교육과 정년 퇴임.

**수상** : 한국시조작품상, 유심작품상, 중앙시조대상, 이호우·이영도 문학상.

저서 : 시집『저녁밥 찾는 소리』『봄날도 환한 봄날』『아버지가 서 계시네』시선집『웃지 마라니까 글쎄』산문집『나무의 주인』외.

## [시의 이해]

어린 시절엔 아버지와 어머니가 시골 사람이라 부끄럽게 생각한 적이 필자에게도 있었다. 그러나 어버이의 자식 사랑을 이해하지 못하는 건 아니었다. 화자도 어른이 되어 그때의 풍경을 떠올리며 아버지를 그리워하고 있다. 지금 다시 아버지가 쌀 한 말을 지고 복도에 서 계신다면 얼른 달려가 아버지를 안아드리리라 믿는다.

## [장·단음 연구]

〈장음〉

계:시네, 내:다보니, 대:운동장, 계:셨다, 멜:빵으로, 외:치시는, 모:른, 열:고, 대:체, 대:답을, 속:에, 계:시는데, 눈:이.

## [된소리, 거센소리, 예사소리]

〈된소리=경음화〉

계셨다-계(게):셛따, 것이었다-거시얻따, 엎드렸는데-업뜨련는데, 나타났다-나타낟따, 왔다-왇따, 열심히-열씸히.

## [조사 '의'의 발음]

이 시조에는 조사 '의'가 하나도 없다.

## [띄어읽기와 끊어읽기]

초장, 중장은 대체적으로 구를 기준으로 띄어읽기를 하지만 종장의 경우는 첫음보를 띄어읽기하는 경우가 있다. 시조의 문장을 잘 파악하여 선택하기 바란다.

〈마지막 종장의 처리〉 -권유.

'쌀 한 말 짊어지시고/ 아버지가/ 서 계셨다'
'순애야~ 순애 어딨노?/ 외치시는/ 것이었다'
'쌀 한 말 지신 아버지/ 우리 반에/ 나타났다'
'이 쌀밥/ 묵은 힘으로/ 더 열심히/ 공부해래'
'쌀 한 말 짊어지시고/ 아버지가/ 서 계시네'

## [중요 낱말 및 시어 시구 풀이]

새끼대이 : 사전에는 '새끼'의 방언이라고 나와 있다.
새끼 : 「명사」 짚으로 꼬아 줄처럼 만든 것.

## [낭송의 실제]

## 아버지가 서 계시네 / 이종문

- 아버지가 서 계(게) : 시네 / 시조 이종문. 낭 : 송 ○○○.

순애야~ 날 부르는 쩌렁쩌렁 고함 소리

– 순애야(수내야)~ 날 부르는 쩌렁쩌렁 고함 소리

무심코 내다보니 대운동장 한복판에

– 무심코 내:다보니 대:운동장 한복파네

쌀 한 말 짊어지시고 아버지가 서 계셨다

– 쌀 한 말 질머지시고 아버지가 서 계(게):션따


어구야꾸 쏟아지는 싸락눈을 맞으시며

– 어구야꾸 쏘다지는 싸랑누늘 마즈시며

새끼대이 멜빵으로 쌀 한 말 짊어지고

– 새끼대이 멜:빵으로 쌀 한 말 질머지고

순애야~ 순애 어딨노? 외치시는 것이었다

– 순애야(수내야)~ 순애(수내) 어딘노? 외:치시는 거시얻따


너무도 황당하고 또 하도나 부끄러워

– 너무도 황당하고 또 하도나 부끄러워

모른 척 엎드렸는데 드르륵 문을 열고

– 모:른 척 업뜨련는데 드르륵 무늘 열:고

쌀 한 말 지신 아버지 우리 반에 나타났다

– 쌀 한 말 지신 아버지 우리 바네 나타낟따


순애야, 니는 대체 대답을 와 안 하노?

- 순애야(수네야), 니는 대:체 대:다블 와: 안 하노?

대구에 오는 김에 쌀 한 말 지고 왔다

- 대구에 오는 기메 쌀 한 말 지고 왇따

이 쌀밥 묵은 힘으로 더 열심히 공부해래

- 이 쌀밥 무근 히므로 더 열씸히 공부해래


하시던 그 아버지 무덤 속에 계시는데

- 하시던 그 아버지 무덤 소:게 계(게):시는데

싸락눈 내리시네, 흰 쌀밥 같은 눈이,

- 싸랑눈 내리시네, 힌 쌀밥 가튼 누:니,

쌀 한 말 짊어지시고 아버지가 서 계시네

- 쌀 한 말 질머지시고 아버지가 서 계(게):시네

# 31 황봉학의 「백두산에 올라」

## 백두산에 올라 / 황봉학

내 조국 내 겨레가 이렇게 따뜻한 것은
비바람 막아 주는 네가 있기 때문이구나
하얗게 우뚝 솟아오른 네 모습이 늠름하다

내 산야 내 동포가 이렇게 풍요로운 것은
푸른 물 곱게 모아 젖줄을 만들어서
꿋꿋한 우리의 땅에 피를 돌게 함이구나

우리의 마음들이 티 없이 맑은 것은
네 허리 감돌아서 정갈해진 바람들이
하루도 변하지 않고 불어주기 때문이다

나, 오늘 여기 올라 고백할게 하나 있다
네 사랑은 변함없이 수천 년을 이었는데

철부지 우리 민족은 두 갈래로 갈렸단다

오가지 아니하는 원수처럼 갈라서서
네 얼굴 보는 것도 남의 땅을 빌려 오고
그나마 아름다운 너를 절반밖에 못 본단다

이렇게 널 찾아온 내 모습이 부끄럽다
다음에 찾아올 땐 우리 민족 철들어서
웃으며 평양(平壤) 땅 거쳐 당당하게 찾아오마

나, 오늘 널 만나고 이렇게 돌아가면
어느 때 다시 올지 그 날이 기약 없다
살아서 다시 못 만나면 죽어서도 널 찾으마

석양이 붉게 울며 이별을 재촉한다
장군봉(將軍峰) 맴을 도는 까막까치 함께 울고
아득히 푸른 천지(天地)가 내 눈물처럼 시리다

- 백두산 문학 2022년 제39호. 101~102쪽.

[원본 또는 정본 확인 과정]
백두산 문학 '2022년 제39호'에서 원본 발췌.

[참고본 또는 이본]

## 백두산에 올라 / 황봉학


내 조국 내 겨레가 이렇게 따뜻한 것은
비바람 막아 주는 네가 있기 때문이구나
하얗게 눈(雪)으로 덮인 네 모습이 늠름하다


내 산야 내 동포가 이렇게 풍요로운 것은
푸른 물 곱게 모아 젖줄을 만들어서
꿋꿋한 우리의 땅에 피를 돌게 함이구나


우리의 마음들이 티 없이 맑은 것은
네 허리 감돌아서 정갈해진 바람들이
하루도 변하지 않고 불어주기 때문이다


나 오늘 여기 올라 고백할 게 하나 있다
네 사랑은 변함없이 수천 년을 이었는데
철부지 우리 민족은 두 갈래로 갈렸단다

〉

오가지 아니하는 원수처럼 갈라서서
네 얼굴 보는 것도 남의 땅을 빌려 오고
그나마 아름다운 너를 절반 밖에 못 본단다


이렇게 널 찾아온 내 모습이 부끄럽다
다음에 찾아올 땐 우리 민족 철들어서
웃으며 평양 땅 거쳐 당당하게 찾아오마


나 오늘 널 만나고 이렇게 돌아가면
어느 때 다시 올지 그 날이 기약 없다
살아서 다시 못 만나면 죽어서도 널 찾으마


석양이 붉게 울며 이별을 재촉한다
장군봉(將軍峰) 맴을 도는 까막까치 함께 울고
아득히 푸른 천지(天地)가 내 눈물처럼 시리다.


- 다음 카페 등 기존 발표작.

## [시인소개]

**황봉학 시인. 시낭송 교육자.**

젊은 시 문예지『작가사상』발행인

『문경새재전국시낭송대회』조직위원장

『전국연리지시낭송대회』조직위원장

『청음시낭송예술원』원장

『좋은시바르게낭송하기운동본부』본부장

『현대시창작솔루션』강좌 운영

『한국명시낭송솔루션』강좌 운영


## [시조의 이해]

이 시조는 8수로 된 연시조이다. 보통 시조가 3수 또는 4수로 되어 있는 것에 비하면 제법 긴 시조이다. 배열 방법도 아주 정형적인 '장'배열법을 써서 한눈에 보아도 시조임을 알 수 있다.

시와 시낭송을 공부하는 도반들과 함께 백두산에 올라 지은 시조이다.


## [발음 연구]

**불어주기** : 어원 '불다'는 장음이지만 활용형 '불어'는 단음이다.

## [장·단음 연구]

〈장음〉

하:얗게, 늠:름하다, 곱:게, 돌:게, 없:이, 감:돌아서, 변:하지, 고:백할 게, 변:함없이, 수:천, 두:, 원:수처럼, 못:, 없:다, 울:며, 이:별을, 맴:을, 울:고.

## [된소리, 거센소리, 예사소리]

〈된소리되기=경음화〉

백두산에-백뚜사네, 있기-읻끼, 곱게-곱:께, 젖줄을-젇쭈를, 없이-업:씨, 고백할 게-고:배칼 께, 변함없이-변:하멉씨, 있다-읻따, 갈렸단다-갈렫딴다, 것도-걷또, 밖에-바께, 못 본단다-몯: 본(뽄)단다, 부끄럽다-부끄럽따, 올지-올찌, 붉게-불께, 없다-업:따.

〈거센소리되기=격음화〉

이렇게-이러케, 따뜻한-따뜨탄, 하얗게-하:야케, 꿋꿋한-꼳꾸탄, 않고-안코, 고백할 게-고:배칼 께, 재촉한다-재초칸다, 아득히-아드키.

## [조사 '의'의 발음]

이 시에는 아래와 같아 조사 '의'가 나온다.

'꿋꿋한 우리*의* 땅에 피를 돌게 함이구나'

'우리*의* 마음들이 티 없이 맑은 것은'

'네 얼굴 보는 것도 남*의* 땅을 빌려 오고'

이 중에서 조사 '의'와 '에'가 한 행에 같이 나오는 '꿋꿋한 우리*의* 땅*에* 피를 돌게 함이구나' 는 '의'로 발음하는 것이 좋다.

## [띄어읽기와 끊어읽기]

초장, 중장은 대체적으로 구를 기준으로 띄어읽기를 하지만 종장의 경우는 첫음보를 띄어읽기하는 경우가 있다. 시조의 문장을 잘 파악하여 선택하기 바란다.

〈마지막 종장의 처리〉 -권유.


'하얗게/ 우뚝 솟아오른/ 네 모습이/ 늠름하다'

'꿋꿋한 우리의 땅에/ 피를 돌게/ 함이구나'

'하루도 변하지 않고/ 불어주기/ 때문이다'

'철부지 우리 민족은/ 두 갈래로/ 갈렸단다'

'그나마/ 아름다운 너를/ 절반밖에/ 못 본단다'

'웃으며/ 평양(平壤) 땅 거쳐/ 당당하게/ 찾아오마'

'살아서 다시 못 만나면/ 죽어서도/ 널 찾으마'

'아득히/ 푸른 천지(天地)가/ 내 눈물처럼/ 시리다'


## [중요 낱말 및 시어 시구 풀이]

장군봉 : 백두산 16개의 봉우리 중 하나. 최고봉은 해발 2,744m인 장군봉(병사봉)이다. (한국과 일본 기준 2,744m. 중국 기준 해발 2,749.6m)

## 백두산에 올라 / 황봉학

– 백뚜사네 올라 / <u>시조</u> 황봉학. 낭 : 송 ◯◯◯.


내 조국 내 겨레가 이렇게 따뜻한 것은

– 내 조국 내 겨레가 이러케 따뜨탄 거슨

비바람 막아 주는 네가 있기 때문이구나

– 비바람 마가 주는 네가 읻끼 때무니구나

하얗게 우뚝 솟아오른 네 모습이 늠름하다

– 하 : 야케 우뚝 소사오른 네 모스비 늠 : 늠하다


내 산야 내 동포가 이렇게 풍요로운 것은

– 내 사냐 내 동포가 이러케 풍요로운 거슨

푸른 물 곱게 모아 젖줄을 만들어서

– 푸른 물 곱 : 께 모아 젇쭈를 만드러서

꿋꿋한 우리의 땅에 피를 돌게 함이구나

– 꾿꾸탄 우리의(에) 땅에 피를 돌 : 게 하미구나


우리의 마음들이 티 없이 맑은 것은

– 우리의(에) 마음드리 티 업 : 씨 말근 거슨

네 허리 감돌아서 정갈해진 바람들이

- 네 허리 감:도라서 정갈해진 바람드리

하루도 변하지 않고 불어주기 때문이다

- 하루도 변:하지 안코 부러주기 때무니다


나, 오늘 여기 올라 고백할게 하나 있다

- 나, 오늘 여기 올라 고:배칼께 하나 읻따

네 사랑은 변함없이 수천 년을 이었는데

- 네 사랑은 변:하멉씨 수:천 녀늘 이얻는데

철부지 우리 민족은 두 갈래로 갈렸단다

- 철부지 우리 민조근 두: 갈래로 갈렫딴다


오가지 아니하는 원수처럼 갈라서서

- 오가지 아니하는 원:수처럼 갈라서서

네 얼굴 보는 것도 남의 땅을 빌려 오고

- 네 얼굴 보는 걷또 나믜(메) 땅을 빌려 오고

그나마 아름다운 너를 절반밖에 못 본단다

- 그나마 아름다운 너를 절반바께 몯: 본(뽄)단다


이렇게 널 찾아온 내 모습이 부끄럽다

- 이러케 널 차자온 내 모스비 부끄럽따

다음에 찾아올 땐 우리 민족 철들어서

- 다으메 차자올 땐 우리 민족 철드러서

웃으며 평양(平壤) 땅 거쳐 당당하게 찾아오마
- 우스며 평양 땅 거처 당당하게 차자오마


나, 오늘 널 만나고 이렇게 돌아가면
- 나, 오늘 널 만나고 이러케 도라가면
어느 때 다시 올지 그 날이 기약 없다
- 어느 때 다시 올찌 그 나리 기약 업:따
살아서 다시 못 만나면 죽어서도 널 찾으마
- 사라서 다시 몯: 만나면 주거서도 널 차즈마


석양이 붉게 울며 이별을 재촉한다
- 서걍이 불께 울:며 이:벼를 재초칸다
장군봉(將軍峰) 맴을 도는 까막까치 함께 울고
- 장군봉 매:을 도:는 까막까치 함께 울:고
아득히 푸른 천지(天地)가 내 눈물처럼 시리다
- 아드키 푸른 천지가 내 눈물처럼 시리다

# 32 황봉학의 「독도(獨島)」

## 독도(獨島) / 황봉학

태고에 한반도라는 아름다운 어머니가
수많은 섬이라는 자식을 낳으시고
막내로 푸른 동해에 옥동자를 낳으셨네

너무도 출중하여 탐을 내는 왜놈들이
자기들 자식이라 생떼를 부리지만
제 자식 몰라볼 어미 이 세상에 있다더냐

억만년 이어져갈 어미와 자식사랑
넓은 동해 마르도록 독도야 푸르거라
한반도 수문장 되어 역사 앞에 우뚝 서라.

\- 독도 문예대전 수상작.

## [원본 또는 정본 확인 과정]

독도문예대전 수상작에서 발췌. 시인의 감수를 받음.

## [시인소개]

**황봉학 시인. 시낭송 교육자.**

출생 : 경북 문경.

데뷔 : 시-시전문지 애지로 등단. 시조-나래시조로 등단.

경력 : 한국예술문화단체총연합회 문경지회 지회장.

수상 : 대한민국 시낭송 대상 수상.

저서 : 시낭송 교본. 시낭송 실기교본 1,2,3,4권 출간. 시집 3권 상제.

## [발음연구]

* 낳다[나:타]는 장음이지만 활용형 낳으시고[나으시고]는 단음이다.

## [장·단음 연구]

〈장음〉

한:반도, 수:많은, 섬:이라는, 내:는, 몰:라볼, 세:상에.

〈단음〉

낳으시고, 낳으셨네.

## [된소리, 거센소리, 예사소리]

〈된소리되기=경음화〉

독도-독또, 옥동자를-옥똥자를, 출중하여-출쭝하여, 있다더냐-읻따더냐, 독도야-독또야, 역사-역싸.

## [조사 '의'의 발음]

이 시조에는 조사 '의'가 하나도 없다.

## [띄어읽기와 끊어읽기]

초장, 중장은 대체적으로 구를 기준으로 띄어읽기를 하지만 종장의 경우는 첫음보를 띄어읽기하는 경우가 있다. 시조의 문장을 잘 파악하여 선택하기 바란다.

〈종장의 처리〉 -권유.

'막내로/ 푸른 동해에/ 옥동자를 낳으셨네'
'제 자식 몰라볼 어미/ 이 세상에/ 있다더냐'
'한반도 수문장 되어/ 역사 앞에/ 우뚝 서라.'

## [중요 낱말 및 시어 시구 풀이]

의미를 파악하기 힘든 낱말이 없다.

## [낭송의 실제]

### 독도(獨島) / 황봉학

- 독또(23) / 시조 황봉학. 낭 : 송 ○○○.

태고에 한반도라는 아름다운 어머니가
- 태고에 한ː반도라는 아름다운 어머니가
수많은 섬이라는 자식을 낳으시고
- 수ː마는 서ː미라는 자시글 나으시고
막내로 푸른 동해에 옥동자를 낳으셨네
- 망내로 푸른 동해에 옥똥자를 나으션네

너무도 출중하여 탐을 내는 왜놈들이
- 너무도 출쭝하여 타를 내ː는 왜놈드리
자기들 자식이라 생떼를 부리지만
- 자기들 자시기라 생떼를 부리지만
제 자식 몰라볼 어미 이 세상에 있다더냐
- 제 자식 몰ː라볼 어미 이 세ː상에 읻따더냐

억만년 이어져갈 어미와 자식사랑
- 엉만년 이어저갈 어미와 자식싸랑
넓은 동해 마르도록 독도야 푸르거라

– 널븐 동해 마르도록 독또야 푸르거라

한반도 수문장 되어 역사 앞에 우뚝 서라.

– 한:반도 수문장 되어 역싸 아페 우뚝 서라.